NOUVELLES VUES

POLITIQUES ET ÉCONOMIQUES

SUR LA

POPULATION.

TOME SECOND.

L'HOMME

EN SOCIÉTÉ,

OU

NOUVELLES VUES

POLITIQUES ET ÉCONOMIQUES

POUR PORTER

LA POPULATION

AU PLUS HAUT DEGRÉ

EN FRANCE.

TOME SECOND.

A AMSTERDAM,

Chez MARC MICHEL REY.

MDCCLXIII.

L'HOMME EN SOCIÉTÉ,

OU NOUVELLES VUES

POLITIQUES ET ÉCONOMIQUES

POUR PORTER

LA POPULATION

AU PLUS HAUT DEGRÉ

EN FRANCE.

LIVRE CINQUIEME.

Des Domestiques de l'un & l'autre sexe.

CHAPITRE I.

De l'état des Domestiques destinés au service particulier des Maîtres.

Après avoir parlé des classes du peuple dont la profession a pour objet l'Agriculture, le commerce & les arts, il est à propos que nous entrions dans un certain détail au sujet d'un autre état qui, quoique moins noble & moins utile que l'eſt le précédent, ne laiſſe pas d'être intéreſſant pour la ſociété par le grand nombre de ſujets qui s'y adonnent, je veux dire la condition des domeſtiques. On ne doit pas comprendre dans cette claſſe les ouvriers qui engagent leur travail & leur tems pour travailler à la terre, à la vigne, aux jardins & à d'autres ouvrages ſemblables. Ceux-ci quoique attachés à une perſonne dont ils reçoivent la nourriture & des gages fixes, doivent être regardés comme des ouvriers compagnons qui travaillent de leur métier; & leur état n'a rien de vil ni de mépriſable.

On entend par domeſtiques des gens qui ſe conſacrent pour de l'argent au ſervice de la perſonne même de leurs maîtres, qui leur vendent leur liberté à prix d'argent, & qui ſe réduiſent, pour ainſi dire, en eſclavage, ſe vouant du matin au ſoir à faire la volonté & ſuivre les caprices d'un maître dont ils eſſuyent à chaque inſtant mille déſagrémens, qui en exige les ſervices les plus vils, quoique le plus ſouvent il n'ait aucune autre qualité qui le diſtingue du vulgaire, que le hazard de ſa naiſſance, une fortune peut-être peu méritée & quelquefois des vices.

Cet état paſſe communément pour le plus abject auquel un homme raiſonnable puiſſe ſe ſoumettre. Cependant de tous ceux du petit peuple, c'eſt peut-être le moins à plaindre en France, parce que la douceur & la politeſſe de nos mœurs en adouciſſent un peu les déſagrémens. Auſſi malgré la baſſeſſe de cette condition, il ne laiſſe pas de ſe trouver une infinité de perſonnes malheureuſes qui l'embraſſent: les uns y ſont pouſſés par l'amour de la pareſſe & de l'oiſiveté, d'autres par gourmandiſe, & d'autres enfin par miſere, & faute d'autres talens; ſans compter ceux qui en cela ſuivant le ſort de leurs parens.

En effet leurs travaux ſont bien moins fatiguans que ceux du laboureur & du vigneron. Leur nourriture ne differe presque pas de celle de leurs maîtres, & leur habillement tient au luxe du maître dont il fait même partie. Joignez à tout cela que la plus part du tems ils reſtent les bras croiſés & ſans rien faire. Des attraits auſſi ſéduiſans auront toujours beaucoup de force ſur l'eſprit d'un malheureux payſan qui, accablé de laſſitude & de travail, expoſé à toutes les intempéries des ſaiſons, mal nourri, & plus mal vêtu encore, compare ſon ſort malheureux avec celui d'un autre du même état que lui qui eſt devenu laquais, & dont le premier coup d'œil ne lui préſente que des douceurs dans la ſervitude. Pour peu qu'il aime ſes aiſes, la bonne chere, la parure, & ſurtout l'oiſiveté, il enviera ſon ſort, & cherchera les moyens d'entrer dans le même état qu'il regarde comme la ſituation la plus heureuſe qu'il ait à deſirer.

Auſſi voyons nous que des domeſtiques

hommes ou femmes, quand ils vont paſſer
quelque tems dans leur pays, en reviennent rarement ſans faire recrue , pour
ainſi dire , & amener avec eux beaucoup
de jeunes gens que leur exemple attire
dans les villes pour y entrer en condition: ce ſont autant de déſerteurs qui
quittent pour toujours l'agriculture & les
arts auxquels ils ne retournent jamais,
quand une fois ils ont goûté la douceur
du repos & de la tranquillité. Cette déſertion fait un vuide conſidérable dans la
claſſe des payſans & cauſe à l'Etat & au
commerce un préjudice immenſe. Nous
ne pouvons donc nous diſpenſer de conſi-
dérer l'enſemble des différentes conditions
qui forment la ſociété.

Nous préſenterons à nos lecteurs un tableau naturel de la poſition actuelle où
ſont les choſes. Tout le public y verra
que les ſoins d'un légiſlateur occupé du
bonheur de ſes peuples ne peuvent ſe refuſer aux moyens que nous propoſerons
enſuite pour maintenir le plus qu'il eſt
poſſible entre les différens états, cette proportion harmonique qui forme la marche
réguliere du gouvernement politique. L'E-
tat en général ne peut être heureux &
tranquille qu'autant que le bon ordre &
la proportion ſera gardée entre les différentes claſſes des ſujets. Sa puiſſance & ſa
richeſſe en dépendent. C'eſt une vérité
déja démontrée que nous allons confirmer
de nouveau par des comparaiſons & des
calculs fort ſimples.

Tout le petit peuple naît laboureur ou artifan, deftiné à travailler pour gagner la vie. Il faut qu'il s'occupe ou à la culture des terres ou aux travaux des arts. Or comme l'agriculture & les arts méchaniques font les principales fources d'où découlent toutes les richeffes de l'Etat, tout ce qui tend à détourner ces fources caufe néceffairement du préjudice à l'Etat.

Quelle eft la claffe du peuple dont nous recevons notre nourriture & toutes les denrées de premiere néceffité? C'eft fans difficulté la claffe du payfan qui travaille à la terre. Sans culture point de récolte, & fans récolte point de denrées.

Quel eft le peuple qui par l'emploi des matieres premieres les met en état de fervir aux ufages utiles de la vie? C'eft encore la claffe du petit peuple, des artifans & gens de métier, fans elle point de commerce : nous ferions obligés d'avoir recours à l'étranger pour toutes les commodités de la vie.

La claffe des payfans & des artifans eft donc celle dont l'Etat tire les fervices les plus effentiels & les plus indifpenfables. Nous favons déja par les calculs les plus fimples que ces deux profeffions générales font les moins remplies vu la multitude des befoins d'un Etat. Donc ces deux claffes ne peuvent diminuer en nombre, quelque peu que ce foit au deffous de la quantité requife, fans que l'Etat n'en fouffre un préjudice confidérable. Mais dans la position actuelle des choses qui est-ce qui produit la classe particuliere des domestiques ? Nous avons fait voir que ce sont les paysans qui la forment & la recrutent. Donc ce ne peut-être qu'au desavantage de l'Etat que la classe des domestiques est devenue si considérable, puisqu'elle prive ce même Etat d'autant de bras qui auroient travaillé à en accroî-tre les richesses.

Qu'on ne s'y trompe pas: la nourriture, le vêtement & les commodités de la vie que l'agriculture & les arts nous fournis-sent, sont les seuls biens réels que nous ayons, & si on considere la consommation qu'on fait tous les ans dans ce genre & dont on ne peut se dispenser, ils montent à une somme si surprenante, que tout homme qui voudra y réfléchir ne sçauroit se dissimuler que tous les gens qui travail-lent à nous les procurer, sont des mem-bres précieux dont on ne peut distraire la moindre partie, sans diminuer les forces de la nation. Si on calcule la dépense que l'Etat est obligé de faire pour la nourritu-re, l'habillement, le logement, & qu'on y comprenne ce qu'il faut absolument au gouvernement pour maintenir le bon or-dre, & procurer la sûreté & la tranquillité dans la nation, on trouvera que du fort au foible, du riche au pauvre, chaque personne dépense au moins 20 sols par jour, ou 365 livres par année, & sur le pied où l'on estime communément le nombre des habitans de la France, il faudra pour les 20 millions d'ames qu'elle contient (*), 7 milliards, 300 millions de livres pour la dépenfe néceffaire & indifpenfable. Or comme toutes les denrées, les ouvrages de l'art qui font la matiere du commerce, & qui fourniffent à toutes ces dépenfes, ne font produites que par l'agriculture & les arts, concluons que dans un Etat bien policé, on doit embraffer tous les moyens poffibles pour multiplier le nombre des laboureurs & des artifans, & furtout écarter autant qu'on peut ce qui tend à diminuer ces deux claffes de fujets.

Qu'on ne s'imagine pas, comme font les perfonnes qui jamais ne font forties de leur ville, que le nombre des laboureurs & des artifans fait la plus grande partie du peuple : c'en eft malheureufement la plus foible : en voici la preuve. Pour s'en convaincre il fuffit de jetter un coup d'œil général fur toutes les conditions. Du nombre de 20 millions d'habitans, il faut retrancher d'abord les femmes qui ne font pas d'état à travailler, & tous les enfans en bas âge. Il ne reftera guere plus de 8 millions. Sur quoi il faut déduire toute la nobleffe qui par état eft exclue des travaux méchaniques, tout l'état militaire, le clergé tant féculier que

* Il n'y a guerre plus de 17 millions d'ames aujourd'hui : ce qui donnera toujours une fomme d'environ 6 milliars pour l'objet dont il s'agit ici. N. de l'Ed.

régulier, la finance, la robe, la bourgeoisie vivant noblement, les gens de
commerce, les domestiques, les fainéans
& vagabonds dont le nombre est immense,
& qui cependant vivent & sont entretenus
de toutes les choses nécessaires à la vie
aux dépens des laboureurs & sur le produit des travaux des artisans. Il seroit
très difficile de déterminer d'une maniere
précise la juste proportion qu'il y a dans
le nombre des uns & des autres. Mais
après y avoir bien réfléchi, je crois qu'en
diminuant toutes les conditions qui viennent d'être nommées & même distraction
faite des vieillards, des malades & infirmes & autres, il ne reste dans la classe
des laboureurs & des artisans, guere plus
qu'un septieme de tous les habitans du
royaume, c'est-à-dire moins de 3 millions d'hommes sains & vigoureux en état
de travailler la terre & de faire valoir les
professions méchaniques de nécessité absolue, & qui par un travail continuel nous
procurent toutes les commodités essen-
rielles de la vie qui font nos véritables
richesses. Encore dans ce nombre il n'y
en a que la moitié qui soit vraiement occupée au travail de la terre : or comme il
est démontré que l'agriculture est la partie
fondamentale qui fournit à nos besoins &
qui est la force de l'Etat, il est clair que
toutes les fois qu'on en diminuera le nombre par des occupations d'une autre nature, l'Etat en ressentira un affoiblissement
proportionné.

Après la culture des terres qui eſt la
mere nourrice du peuple, il en arrivera
de même des profeſſions méchaniques, ſi
on cherche à en diminuer le nombre néceſſaire & ſuffiſant à nos beſoins & à notre
commerce, pour les occuper à des choſes
purement frivoles. Cette vérité paroît
dans tout ſon jour, par la ſuppoſition
ſuivante.

Suppoſons que toutes les perſonnes riches & aiſées vouluſſent pour une année
ſeulement prendre à leur charge les trois
millions d'ouvriers ou environ qui travaillent actuellement à la culture des terres
ou aux arts méchaniques pour les employer à toute autre choſe qu'à ce qui fait
l'objet de leur profeſſion, ou les occuper
à des travaux frivoles, à des bâtimens de
pur ornement, ou bien au ſervice perſonnel de l'indolence & de l'orgueil: qu'en
arriveroit-il? Nos terres reſteroient ſans
culture & ne produiroient rien. Les arts
abandonnés n'offriroient aucuns ouvrages
utiles au bien de la vie. Si malgré cela
on vouloit ſe procurer toutes ces choſes,
comme il le faudroit bien, puiſqu'elles
ſont de néceſſité abſolue, on ſeroit obligé
de les tirer des étrangers par la voie du
commerce. Or comme nous avons eſtimé
la valeur générale de toutes ces dépenſes
pour l'entretien & la conſommation annuelle & indiſpenſable de tous les habitans du royaume à une ſomme de 7 milliards 300 millions, je prétends qu'il nous

en coûteroit au moins dix milliards, parce que les étrangers voudroient y gagner
beaucoup, & que le transport en augmenteroit considérablement le prix. Ainsi toutes les richesses factices qui sont dans l'E-
tat & qui consistent en or & argent mon-
noyé, meubles, vaisselles & bijoux, pourroient à peine suffire pour soutenir l'effet
de notre supposition pendant un an entier.
Et si on vouloit persister à rendre le travail de ces 3 millions d'habitans infruc-
tueux, nous ne tarderions pas à être tous
réduits dans la plus affreuse misere, après
avoir épuisé les foibles ressources de tous
les biens factices & de valeur arbitraire.

On voit par cet exposé jusqu'à quel
point l'agriculture & les arts sont précieux, puisque deux années de négligence totale & de cessation dans ces deux
parties, réduiroient la nation dans la position la plus triste & la plus malheureuse.
Comme donc toute la base de notre pros-
périté ne pose que sur trois millions d'habitans ou à peu près la septieme partie
de tous les sujets de l'Etat, il résulte é-
videmment que, si on en diminue encore
le nombre par une trop grande quantité
de domestiques, & par les troupes que
l'on forme aux dépens de ces deux classes des laboureurs & des artisans, cela ne
se peut faire qu'au grand détriment de
l'Etat; dommage d'autant plus grand qu'il
est irréparable, les déserteurs des campagnes surtout n'y revenant jamais.

Au contraire ſi on peut trouver des moyens pour accroître le nombre des cultivateurs & des artiſans par quelques arrangemens bien combinés, l'Etat y trouvera
un avantage proportionnel à cette augmentation.

On fait communément monter le nombre des domeſtiques qui ſont dans le
royaume deſtinés ſeulement à ſervir la
perſonne de leurs maîtres à près de 540000:
& le nombre de nos troupes tant de terre
que de mer à environ 400000, y compris
les matelots. Comme il périt beaucoup de
ces derniers par le fer des ennemis, par la
déſertion, & par les maladies auxquelles
leur condition les expoſe; on peut évaluer
en totalité, qu'avec leur remplacement,
cela fait près d'un million de ſujets bien
ſains & vigoureux que l'on tire des deux
claſſes de laboureurs & d'artiſans, c'eſt-à-
dire à peu près le quart.

Cet inconvénient ſeroit léger encore, ſi
les domeſtiques & les ſoldats pouvoient
ſe recruter d'eux-mêmes. Mais malheu-
reuſement les uſages ſont contraires. On
ne ſouffre que rarement des gens mariés
dans ces profeſſions. Il faut de toute néceſſité que le payſan & l'artiſan abandon-
nent leur métier & leur ſavoir faire pour
remplir & au delà les places qui viennent
à vacquer dans les troupes & dans la claſſe
des domeſtiques. Le nombre qu'il en faut
pour les recruter eſt bien conſidérable
tous les ans, ſurtout en tems de guerre,

·où il faut beaucoup plus de soldats & de ·valets qu'en tems de paix.

Nous sommes assurés que pour suffire à remplir les vuides qui se font annuellement dans ces deux professions, il faut tirer plus de 200000 hommes des professions inférieures des paysans & artisans, sans compter ceux que l'ambition fait aspirer aux classes supérieures des marchands & d'ecclésiastiques, dont le nombre est encore fort grand. Supposons que cet article en fasse encore déserter 100 mille, cela fera à peu près 800000 sujets de moins dans des métiers essentiellement nécessaires à l'Etat. Quoique ces professions soient fertiles à se reproduire, il sera toujours vrai de dire que par ce moyen on leur ôte la ressource de pouvoir s'accroître dans une proportion relative aux autres conditions qui sont moins nécessaires, puisque tous les ans on leur enleve presque la dixieme partie de leurs meilleurs sujets.

Si les troupes sont absolument d'une indispensable nécessité pour la sûreté & la défense de la nation, & qu'on ne puisse pas trouver d'autres moyens pour s'en procurer que ceux qui sont actuellement en usage, tâchons du moins de mettre quelques bornes à la profession des domestiques dont le nombre augmenté de jour en jour, afin que ces sortes de gens ne causent pas tant de préjudice à l'Etat, qu'ils en font en quittant les classes infé-

rieures qui nous donnent la subsistance &
l'entretien.

Cette partie de notre ouvrage est un
objet fort intéressant pour la législature
qui est occupée sans cesse à travailler à la
police & au bon ordre, pour pouvoir
contenir les différentes classes du peuple
chacune dans les limites qui leur conviennent. Les domestiques qu'on a toujours
traités comme une classe indifférente &
sans conséquence, sont dans le cas d'avoir
besoin d'une réforme encore plus que toute autre condition. Il s'est glissé par rapport à eux une foule d'abus qu'on a tolé-
rés mal à propos, & qu'il seroit nécessaire
de détruire.

D'ailleurs comme ce sont des citoyens
utiles dans leur genre, il faut autant qu'il
est possible, contribuer à leur bonheur,
en les empêchant de dissiper le fruit de
leurs peines, en mettant à profit leur tems
& leur santé qui sont pour eux , ainsi que
pour l'Etat le bien le plus solide. Enfin
tâchons de les mettre dans une position
où ils puissent élever leur famille suivant
le grade de leur naissance, afin qu'elle
puisse les remplacer quand ils manqueront,
& que sur leurs vieux jours, après avoir
sacrifié leur force & leur santé dans le
service, ils ayent un azyle pour finir leur
carriere sans être à charge à personne ni à
eux-mêmes, comme on ne voit que trop
souvent arriver à présent faute de bons réglemens qui y remédient.

CHAPITRE II.

Projet de quelques réglemens de police con-
cernant les domestiques servans de l'un &
l'autre sexe.

Nous avons proposé dans les précédens
chapitres des réglemens, & donné le projet de différens établissemens en faveur
des étrangers, ou surnuméraires, qui habitent les grandes villes, ainsi que pour
les différens artisans & pour les habitans
de la campagne. Le lecteur a senti que
l'objet de ces réglemens étoit principalement d'en élaguer les personnes inutiles
dans les différentes classes, & de les renvoyer dans leurs provinces pour s'y occuper à des emplois plus essentiels à leur intérêt & à celui de l'Etat. Comme la classe
des domestiques a encore plus besoin
qu'on lui prescrive des bornes que tout autre, il seroit fort à propos qu'on les con-
tint par des réglemens un peu gênans,
mais nécessaires, & qu'en même tems on
fît en leur faveur des Etablissemens à peu
près semblables à ceux qui ont été proposés pour les autres professions, afin qu'en
cas de maladie, du manque d'occupation,
d'infirmité & de vieillesse, ils pussent y
trouver des ressources contre l'extrême
misère. Voici les réglemens que nous
croyons devoir proposer. On en sentira
toute l'utilité par la suite.

I. Il y aura dans chaque ville épiscopale un bureau établi pour tous les domestiques servans du diocese ; & on y fera construire une maison d'association destinée pour les recevoir, & sur le plan dont je donnerai ci-après le détail.

II. Les domestiques actuels & toutes les personnes qui voudront ci-après embrasser la condition servile, seront obligés d'aller à ces bureaux en faire leur déclaration. Ils y donneront leur nom, leur signalement, la demeure de leur famille, leur qualité que l'on enrégistrera au bureau, & dont il sera fait mention dans le brevet qu'on distribuera à chaque particulier qui voudra prendre parti dans cette profession. Ceux qui y sont déja, prendront aussi de pareils certificats, & les uns & les autres payeront pour ce brevet, sçavoir les hommes 30 sols, & les femmes 15 sols, pour ceux dont les peres & meres auront été domestiques : les autres payeront le double.

III. Tous domestiques qui ne donneront pas une déclaration juste sur tous les articles prescrits ci-dessus, & qui constatent la validité de leur brevet, seront punis par une année de servitude dans la maison d'association, sans pouvoir y prétendre autre chose que la nourriture & l'habillement tels qu'on les donnera dans cette maison.

IV. Quand un maître jugera à propos d'élever son domestique à un grade supérieur à celui qu'il a déja dans le nombre de ſes domeſtiques, il lui en donnera une déclaration ſignée de ſa main que le domeſtique fera enrégiſtrer au bureau: en conséquence le bureau lui délivrera un nouveau brevet conformément à ſa nouvelle qualité, lequel brevet ſera payé comme le précédent.

V. Tout domeſtique qui voudra entrer au ſervice d'un nouveau maître ſera obligé de lui produire le certificat ou brevet du bureau, & l'atteſtation du maître chez qui il aura ſervi auparavant. Tout maître qui prendra à ſon ſervice quelqu'un qui n'auroit pas un brevet de domeſtique, payera 30 livres d'amende, & le domeſtique ſera mis en ſervitude pendant 6 mois dans la maiſon d'aſſociation.

VI. Tous domeſtiques appartenant à quelque maître que ce ſoit, ſeront obligés de produire leur brevet aux exempts de police chargés de ce diſtrict, toutes les fois qu'ils en ſeront requis, afin qu'on puiſſe voir s'ils ſont en regle: en cas de refus de leur part, ils ſeront déchus de l'état de domeſtiques pendant un an, & reſſerrés pendant ce tems dans la maiſon d'aſſociation pour y travailler ſans gages, en punition de leur déſobéiſſance.

VII. Il ſera loiſible à un maître de congédier ſon domeſtique quand il le jugera à propos, & pareillement il ſera libre au domeſtique de quitter le ſervice de ſon maître; mais ſi c'eſt le maître qui le renvoye,

voye, il sera obligé de leur payer ses gages en argent comptant ; si c'est le domestique qui par caprice veut changer de condition, il sera obligé, si le maître le veut, de se contenter pour payement de ses gages d'un billet à six mois de terme.

VIII. De quelque maniere qu'un domestique sorte de chez son maître, le maître sera tenu de lui donner un certificat de bon ou mauvais service, lequel sera signé de lui & cacheté de son cachet ordinaire, sans le communiquer au domestique ; le domestique portera au bureau ce certificat tout cacheté pour y être enrégistré & même annexé à la feuille du regiftre comme piece originalle & nécessaire.

IX. En cas que le maître soit injuste envers son domestique, & qu'il ne soit pas en état de prouver ce qu'il aura avancé de défavorable dans son certificat, il sera condamné en 50 livres d'amende au profit de la maison d'association, & de se rétracter ; laquelle rétractation en bonne forme sera enrégistrée au bas du certificat afin d'en rendre l'effet de nulle valeur; il sera condamné en outre en tous les dépens. Au contraire, si le domestique se trouve accusé à juste titre, il sera puni suivant l'exigence du cas, soit par une prison, ou par la servitude dans la maison d'association pendant un certain tems, après l'expiration duquel la sentence de police qui aura été rendue contre le dit domeſtique, ſera biffée ; & on lui donnera un nouveau certificat afin qu'il puiſſe ſe préſenter chez un nouveau maître. Si le domeſtique peu jaloux de ſa réputation ne veut point réclamer contre le certificat défavorable que ſon maître lui aura donné, le bureau n'en prendra aucune connoiſſance ; mais s'il veut que juſtice lui ſoit rendue à cet égard, il donnera 30 livres au bureau & procuration pour pourſuivre ſon ancien maître, laquelle ſomme lui ſera rendue en cas que le maître ſuccombe ; ſinon elle reſtera au bureau.

X. Il y aura un inſpecteur de police chargé de viſiter tous ces bureaux, pour voir ſi les régiſtres y ſont bien en regle, & pour avertir le magiſtrat, quand il y aura vu quelque choſe d'irrégulier, afin que le commis ſoit puni ſévérement s'il y a quelque négligence ou quelque fraude dans ſes fonctions.

XI. Tous ces réglemens ſeront autoriſés par une déclaration du Roi, & entre autres celui qui ordonnera que tout domeſtique qui ne ſera pas enfant de pere ou mere domeſtique, ſera tenu de payer tous les ans à la maiſon d'aſſociation une ſomme montant à la dixieme partie de ſes gages, du payement de laquelle le maître ſera reſponſable faute de payement de la part du domeſtique. Par ce réglement il ſera dit que tout domeſtique ſera tenu dans la huitaine après être entré en condition de se présenter au bureau pour y faire une déclaration fidele & exacte des conditions de son marché, du nom, qualité & demeure de son maître, sous peine, faute de déclaration ou dans le cas d'une déclaration fausse, d'être puni par six mois de servitude dans la maison commune, & de payer 30 livres d'amende au profit de la dire maison.

XII. Il sera expressément défendu à tout domestique de l'un & de l'autre sexe, qui ne portera point la livrée de son maître, de paroître dans les rues ou en public sans porter une marque distinctive de servitude; par exemple les laquais, palfreniers, cochers, postillons &c. seront tenus de porter à leur boutonieres une plaque de cuivre aux armes du bureau établi pour les domestiques; à l'égard des officiers de maison, valets de chambre, femmes de chambre & autres, ils seront obligés de porter la même marque; mais au lieu d'être une médaille de cuivre, elle sera brodée en soye ou en argent sur le côté droit de leurs habits. Le bureau distribuera à chacun d'eux ces médailles & broderies qui seront payées, savoir les médailles en cuivre 30 sols & les broderies trois livres. Il sera expressément défendu aux laquais ainsi qu'à ceux qui se trouvent dans une classe à devoir porter la médaille, de porter la plaque en broderie sous peine de punition & de six livres d'amende : quiconque sera trouvé dans le public sans a-

voir la marque diſtinctive de ſon état atta-
chée comme on vient de le dire, encourra la même peine.

XIII. Il n'y aura que les maîtres d'hôtel, ſécrétaires & intendans qui ne porteront aucune de ces marques diſtinctives,
& à qui il ſera permis de porter l'épée
dans le public. Mais le port de cette ar-
me ſera ſévérement défendu à tous les
domeſtiques qui ſeront dans la claſſe dis-
tinguée par la plaque ou par la broderie ;
ſinon ceux qui ſeront trouvés en faute à
cet égard, ſeront arrêtés & mis en priſon
pendant ſix mois, ſans pouvoir être élargis
avant ce tems à moins que le maître qui
les reclamera, ne paye pour la ſortie de chacun une amende de 300 livres au profit de
la maiſon d'aſſociation.

XIV. Tout domeſtique qui voudra ſortir de cet état, ſera tenu d'en aller faire
ſa déclaration au bureau & d'y prendre un
certificat de congé, afin de pouvoir exercer toute autre profeſſion conformément
aux ſtatuts & réglemens du nouvel état
qu'il veut embraſſer ; & s'il arrive qu'a-
vant d'avoir pris un certificat de congé,
il faſſe d'autre profeſſion que celle de domeſtique, il en ſera puni par ſix mois de
ſervitude dans la maiſon d'aſſociation, ſi
mieux n'aime le dit domeſtique payer une
amende de 100 livres. Il ſera pareillement
défendu & ſous les mêmes peines de recommencer à ſervir après avoir pris le certificat de congé, ſans avoir obſervé les

mêmes formalités comme auparavant, & s'être muni d'un brevet nouveau de fervitude.

XV. Il fera très expreffément défendu à tout domeftique qui fortira de condition, de loger plus de 4 jours dans une auberge ou en chambre garnie, fans aller faire au bureau fa déclaration, & préfenter le certificat du maître de chez qui il fort, pour y être enrégiftré, le tout à peine de fix mois de prifon ou de 100 livres d'amende.

XVI. Tout domeftique qui ne fera pas marié, & qui n'aura pas un logement meublé, fera tenu d'aller demeurer dans la maifon d'affociation, jufqu'à ce que fon tour vienne pour être placé dans quelques maifon : & s'il y manque, il payera 100 livres d'amende, ou encourra la peine d'une année entiere de fervitude dans la maifon d'affociation.

XVII. On établira pour regle générale, que tout maître de quelque qualité ou condition qu'il foit, payera une taxe annuelle par chaque domeftique des claffes de l'étiquette qu'il prendra à fon fervice favoir :

Pour un laquais 3 livres; fi on en prend un fecond on payera 12 livres pour le fecond; 48 livres pour le troifieme; & ainfi de fuite en quadruplant, à mefure que le nombre augmentera.

Pour un palfrenier on payera 5 livres, pour un fecond 20 livres; & ainfi de fuite.

Pour les cuisinieres bourgoises on payera
6 liv.; si on en prend une seconde il en coûtera 24 livres pour elle; & ainsi de suite.

Pour un cuisinier en titre, le maître
payera 50 livres, s'il en veut un second,
200 livres &c.

Un aide de cuisine coûtera 20 livres au
maître; un second 80 liv. & ainsi de suite.

Pour un cocher on payera 30 livres;
pour un second 120 liv. & toujours en
quadruplant.

Pour un postillon 40 livres; pour un
second 160 liv. &c.

Pour un coureur 100 livres; pour un second 400 liv. &c.

Pour un valet de chambre 50 livres;
pour un second 200 livres; & ainsi de suite à proportion du nombre.

Pour une femme de chambre 25 livres;
pour une seconde 100 livres; &c.

Mais il faut observer que les prix mar-
qués ci-dessus ne seront exigibles que
des maîtres qui sont roturiers. A l'égard
de ceux qui sont nobles, ou qui en vertu
de leurs charges jouissent des prérogatives
de la noblesse, ainsi que les étrangers qui
demeureront quelque tems à Paris dans le
cours de leurs voyages, ils ne payeront
pour les domestiques doubles que moitié
de la taxe qui est exigée de la roture; &
cette taxe ne sera payée que pour des domestiques de notre nation: car pour les
domestiques d'une nation étrangere on ne
payera rien.

Le produit de ces taxes fera employé pendant les fix premieres années à la conftruction & à l'établiffement des maifons d'affociation que l'on formera dans chaque ville privilégiée pour cet établiffement ; & après ces fix premieres années, cette taxe tournera au profit du Roi & fera portée au tréfor royal, en en déduifant les dépenfes ordinaires de ces maifons. A l'égard des droits d'amende & autres qui feront perçus au bureau de cette police particuliere ainfi que les quatre déniers pour livres fur les taxes des maîtres , ils appartiendront à la maifon d'affociation & feront employés à fon profit.

CHAPITRE III.

Obfervations générales fur le Réglement précédent.

Le Lecteur apperçoit déja fans doute l'intention que nous avons eue en propofant les différents articles du réglement qu'on vient de lire.

Les trois premiers articles par lesquels on établit des bureaux pour y recevoir les déclarations & le fignalement de tous ceux qui voudront embraffer la profeffion de domeftique, apporteront remede à quantité d'abus qui fe commettent de la part de cette claffe d'hommes. Par ce moyen on feroit affuré de leur domicile ; & comme ce bureau auroit infpection fur leur conduite , il les maintiendroit toujours dans l'obfervation de leur état. Car s'il arrivoit que quelques domeftiques fuffent capables d'y manquer d'une maniere grave , il feroit facile de s'affurer de leur perfonne , & ils ne pourroient guere échaper à la punition qu'ils auroient méritée ; d'autant plus que le bureau auroit le droit de les faire prendre en quelque endroit qu'ils fe refugiaffent. Le public , comme on voit , eft fort intéreffé à maintenir un tel article ; ce réglement fuffiroit pour rétablir le bon ordre & la fûreté , d'où dépendent la vie & la fortune de tous ceux qui font obligés d'avoir des domeftiques.

L'article II. qui ne fait payer aux enfans des domeftiques pour les certificats que la moitié des droits fixés pour les autres ; & le XI. qui ordonne que ceux qui ne feront pas enfans de la profeffion payeront au bureau la dixieme partie de leurs gages , font des diftinctions en faveur des enfans du corps , pour engager ceux-ci à continuer la profeffion de domeftiques , & pour en écarter tous ceux dont les peres étoient attachés à une autre condition.

Le IV. en donnant au maître la liberté d'avancer fes domeftiques en les élevant à des grades fupérieurs , lui conferve une prérogative qui lui attirera de la part des domeftiques les égards qui lui font dus ,

& dont les domestiques ne s'écarteront pas, afin de mériter de plus en plus leur bienveillance. En même tems on les oblige de prendre en ce cas un nouveau brevet, afin de mettre de l'ordre dans les différens grades, sans nuire à l'émulation qui est si nécessaire aux hommes pour les porter au bien & à leurs devoirs.

Les articles V & VI. obligeront les domestiques à se faire un honneur de leurs certificats, & à se conduire de maniere à en mériter de favorables.

L'article VII. qui laisse au maître & au domestique respectivement la liberté de se séparer, rend la servitude moins gênante. Les conditions qu'on y impose sont suffisantes pour empêcher les uns & les autres de se quitter pour de légeres bagatelles, & souvent sans réflexion. Je voudrois qu'on y ajoutât que le maître qui renverroit son domestique pour autre cas qu'une friponnerie prouvée, une insolence marquée, ou une desobéissance affectée & répétée, lui payeroit un mois de gages en sus de ce qui lui est du; & que de son côté le domestique qui quitteroit son maître perdroit un mois de gages. Cette addition à l'article VII. ne pourroit que produire un bon effet, & dédomageroit le domestique du tems qu'il peut rester sans trouver une autre condition, & le maître de l'embarras où le jetteroit la retraitte brusque de son domestique.

L'article VIII. qui exige que le maître

en se séparant de son domestique lui donne un certificat cacheté que celui-ci portera au bureau, est propre à contenir les domestiques dans la subordination & la sagesse, qui sont deux points très essentiels à la tranquillité publique.

L'article IX. qui est une modification du précédent étoit nécessaire pour empêcher les abus que certains maîtres auroient pu faire de cette loi.

Le X. article contenant l'établissement d'un inspecteur est utile pour controller ces bureaux, & veiller à ce que le bon ordre y regne & qu'on y observe une discipline & une police exactes.

Le XII. article peut être le plus intéressant de tous pour la société & en même tems pour l'Etat domestique. Les marques que je propose de leur donner afin de les distinguer, serviront à écarter les désordres que cause ordinairement la confusion. Elles obligeront en outre les domestiques à ne pas se livrer à un faste ridicule qui leur fait dissiper la meilleure partie de leur profit, & quelquefois les porte à de mauvaises manœuvres qui méritent punition. Mais au moyen de ces marques distinctives de leur état, ils ne chercheront plus à paroître autres qu'ils ne sont, & se renfermeront dans les bornes qui conviennent à leur situation. La livrée fait aux uns, ce que ces marques feront aux autres : & par ce moyen les maîtres ainsi que le public y trouveront

de l'avantage; & les mœurs n'y gagneront
pas moins.

A l'égard du XIII. article qui difpenfe
les maîtres d'hôtels, les fécrétaires & les
intendans de porter la même étiquette, on
a cru devoir les diftinguer de la foule des
domeftiques, parce qu'ils font cenfés être
mieux nés que les autres, & que d'ailleurs
leurs fonctions étant plus nobles & plus
relevées que celles des autres, il eût été
trop dur de les confondre avec eux.

Le XIV. article oblige les domeftiques
à prendre des congés au bureau quand ils
voudront quitter l'état de fervitude, cette
précaution nous a paru utile & peut-être
même néceffaire, pour que la police foit
toujours à portée de favoir le nombre de
perfonnes à peu près qui feront dépendan-
tes de cette claffe, afin que les directeurs
des bureaux puiffent toujours exercer fur
eux leurs droits, dans le tems qu'ils en
feront dépendans.

Le XV. article défend à tout domeftique de loger ailleurs que chez fon maître
quand il eft en condition, & lui ordonne
de fe rendre à la maifon d'affociation lorfqu'il eft, comme on dit, fur le pavé; à
moins qu'il ne foit marié & qu'il n'ait une
demeure dans fes meubles. C'eft afin
qu'ils ne donnent pas dans le libertinage,
& pour empêcher qu'ils ne perdent leur
tems & ne mangent leur argent mal à
propos.

Le XVII. article regle les droits que

les maîtres feront obligés de payer pour
avoir des domeſtiques inutiles : notre intention en cela a été premiérement de
remédier autant qu'il eſt poſſible à l'abus
que commettent bien des gens, en prenant à leur ſervice ſans néceſſité & par
oſtentation pure un plus grand nombre de
domeſtiques qu'il ne leur en faut. Secon-
dement la proportion que nous avons
fixée entre ces droits tend à faire ſupri-
mer les domeſtiques les moins néceſſaires,
afin de conſerver cette claſſe d'hommes
pour des occupations plus intéreſſantes
pour la ſociété en général. Enfin on trouvera par ce moyen les premiers fonds
pour monter les établiſſements que nous
propoſons. Par la ſuite ces fonds retour-
neront au Roi, lui fourniront un ſecours
pour ſoulager ſes peuples, ſecours qui ſera
d'autant plus avantageux qu'il ne ſe tire que
du luxe & de l'oſtentation des perſonnes
les plus opulentes. La nobleſſe qui a toujours eu des droits & des prérogatives au
deſſus du reſte du peuple, eſt traitée ici
d'une maniere qui convient à ſon rang
puisqu'on ne la taxe qu'à la moitié de ce
que les autres ſujets devront payer.

On néglige trop la derniere claſſe des
hommes dont pourtant on ne peut ſe paſſer, & à laquelle on doit faire une attention particuliere, puiſque le deſordre qui
s'y met eſt ſi dommageable à l'Etat. Ce
ſont après tout des hommes nos ſemblables, & qui nous approchent d'aſſez près

pour que nous nous y intéreſſions. Notre
vie & notre fortune ſont en quelque ſorte
entre leurs mains.

✽✾✽✾✽✾✽✾✽✾✽✾✽✾✽✾✽✾✽✾✽✾✽✾✽

CHAPITRE IV.

Détail eſſentiel des maiſons d'aſſociation des-
tinées pour y recevoir les domeſtiques , &
autres perſonnes qui conviennent à ce nou-
vel établiſſement.

Il ſeroit bien difficile de fixer d'une maniere préciſe, quel eſt le nombre de gens
dans le Royaume, qui ſont dans la claſſe
des domeſtiques. Dans l'état actuel où ſont
les choſes, un pareil calcul ſeroit peut-
être impraticable; d'autant plus que nous
ne comprenons ſous ce titre que les gens
qui ſont attachés au ſervice perſonnel de
leurs maîtres ou maîtreſſes. Mais pour déterminer par approximation à combien ils
peuvent monter dans Paris ſeul & ſes environs, il faut entrer dans des calculs ſpé-
culatifs.

On compte communément dans Paris 30
mille maiſons y compris les hôtels des
ſeigneurs & les communautés eccléſiaſti-
ques & religieuſes. Or je crois que proportion gardée & du fort au foible on
peut eſtimer chacune de ces maiſons à ſix
domeſtiques. Cette évaluation n'eſt pas
trop forte: car il n'y en a guere qui ne

contiennent pluſieurs ménages; & il n'y
a guere de ménages qui n'aient un
domeſtique ou deux. Cela fera donc
pour les 30 mille maiſons 180 mille domeſtiques de l'un & l'autre ſexe, & dans
toutes les claſſes; ce n'eſt point trop ſur-
tout en y comprenant Verſailles & les environs de Paris à quatre lieues d'arrondiſſe-
ment. Ceux qui connoiſſent bien le local
ſentiront bien que ce nombre n'eſt point
exagéré.

Songeons encore que pour faciliter le
changement continuel de domeſtique, il
doit y en avoir toujours une grande quantité qui ſont hors de condition. En effet
quand on a beſoin d'un domeſtique & que
la nouvelle en eſt répandue dans un quartier, on eſt accablé de gens qui ſe propoſent. Je crois qu'il peut bien y en avoir
dix mille dans ce cas: ce qui fait en tout
dans Paris & les environs 190 mille domeſtiques; mais partons toujours de 180
mille.

Au moyen des taxes annuelles que j'ai
propoſées de lever ſur les particuliers
pour tous les domeſtiques de l'étiquette,
on aura pour nos maiſons d'aſſociation un
revenu très conſidérable. Pour l'évaluer
plus comodément, j'ai calculé que proportion gardée des prix différents de ces
taxes pour les différentes claſſes, on peut
ſtatuer ſur une taxe commune & générale
pour chaque domeſtique, & que cette taxe
ne peut pas être portée à moins de 20 li-

vres par tête. Ce qui donnera pour la to·
talité des domestiques une somme de 3
millions 600 mille livres par an.

Suivant le cours ordinaire & actuel des
chofes, on peut être affuré que dans les
180000 domestiques, il n'y en a pas le
tiers qui foit du corps, c'eft-à-dire dont
les peres & meres aient été domestiques.
Comme j'ai propofé de faire payer aux é·
trangers de ce corps la dixieme partie de
leurs gages au profit de la maifon, on peut
évaluer cet article pour les 120000 domes·
tiques à raifon de 20 livres chacun, à environ 2 millions 400 mille livres: laquelle
fomme étant jointe aux 3 millions 600
mille livres de taxe fur les maîtres forme
un capital de 6 millions par an.

Je ne conprends pas dans cette fomme
tous les petits droits que les bureaux recevront tant pour les brevets que pour les
plaques & médailles & broderies, comme
nous l'avons dit précédemment, & qui fuffi·
ront, même au delà, pour remplir tous
les petits faux fraix & dépenfes de cette
régie. Je n'y comprends pas non plus
toutes les amendes qui feront confidérables & appartiendront encore à la
maifon d'affociation.

Ces fix millions par an feront employés
pendant les fix premieres années fuivant
mon plan, à faire conftruire quatre maifons d'affociation pour fervir à l'ufage des
domestiques. Ces maifons feront diftri-
buées dans les environs de Paris: la pre·

miere dans la plaine de Grenelle; la feconde dans la plaine de St. Denis, la troifieme dans la plaine d'Yvri, & la quatrieme dans celle de Maifons, au delà de
Charenton. Il y aura donc pour chacune 9
millions de premiers fonds qui ferviront
non feulement à les édifier, mais encore
à les fournir de toutes les chofes néceffaires, utiles, & commodes jufqu'à raifon &
convenance.

Outre les fonds que nous venons d'affigner pour commencer ces nouveaux établiffements, il faudra pour rendre ces
maifons agréables & commodes, & pour
leur procurer un revenu folide & perma-
nent, il faudra, dis·je, y joindre pour
chacune un terrein qui les environne &
qui foit au moins de 1500 arpents, dont
une partie fervira à l'emplacement des bâtiments, rues, cours, & jardins &c. qui
en occuperont tout au plus trois cens, les
1200 autres feront cultivés en jardinage,
au profit & pour l'utilité de la maifon.
Tout ce terrein fera entouré d'un foffé
en dehors de 10 ou 12 pieds de largeur;
& en dedans on fera un mur de clôture é-
levé de 12 pieds au deffus du niveau du
terrein, à peu près comme font faites les
clôtures ordinaires des parcs.

Comme ces maifons feront deftinées
pour l'utilité & l'économie, & point du
tout pour le fafte & l'oftentation, on
conftruira tous les bâtiments à la maniere
la plus fimple, & cependant le plus foli-
de·

dement que faire ſe pourra. On n'y employera la pierre de taille que pour les encoignures, les portes & les fenêtres, cordons & entablements. Pour tout le reſte, on le bâtira avec du moëlon. Par conſéquent la conſtruction en ſera bien moins chere & moins coûteuſe qu'en ſuivant la méthode ordinaire de bâtir les édifices publics, auxquels on fait des dépenſes qui abſorbent tout d'un coup des fonds & des capitaux qui auroient dus être réſervés pour une fin plus intéreſſante qu'à des bâtimens ſomptueux.

Le terrein que je ſuppoſe qu'on prendra pour faire les parcs, appartenant à des familles particulieres qui en tirent un revenu conſidérable, il ſera à propos de payer à ces familles la rente de ces terres ſur le pied d'un quart en ſus du revenu qu'elles rapporteront actuellement. Pour lors les propriétaires ne pouvant pas ſe refuſer à cette ceſſion, au moyen du parti favorable qu'on leur fera, cette vente ſera hippotiquée ſur tous les revenus de la maiſon, & comme elle ne pourra être rembourſée & que la maiſon ne pourra pas s'en rendre propriétaire, cela fera pour eux par la ſuite un fonds extrêmement ſolide, ou pour les héritiers.

Comme toutes ces terres ne ſe louent communément que 20 livres par arpent en ſuppoſant que la maiſon en payera 25 liv. à cauſe du quart en ſus, & qu'il y en aura 6000 arpens en tout pour les quatre

maifons, cela fera un total de 150000 liv.
de rente annuelle que la caiffe commune
des quatres maifons fera chargée de payer
à perpétuité fur fes revenus.

Comme on ne fait que propofer ici une
fimple exquiffe de ce nouvel Etabliffement, on n'a pas deffein d'entrer quant
à préfent, dans un détail circonftancié du plan des bâtimens. Ce feul objet
exigeroit un ouvrage particulier. Nous
nous contentons de faire obferver qu'ils
feront bâtis conformément à l'objet qu'on
fe propofe dans cette fondation, c'eft-à-
dire capables de loger dans chaque maifon au moins vingt mille perfonnes de
tout fexe & de tout âge. En même tems
que l'on bâtira les lieux néceffaires pour
leurs logements, on aura égard à ceux qu'il
faudra pratiquer auffi pour leurs occupations & leurs travaux, afin des les y exercer à quelque chofe d'utile, comme nous
allons bientôt le faire voir. Or comme
nous avons acquis des connoiffances affez
étendues fur la partie des bâtiments, &
qu'on fuppofe qu'il n'y en aura que pour
l'utilité, & qu'on ne donnera rien au fafte,
nous eftimons que tous ces bâtimens avec
les ameublements & tous les uftenciles
néceffaires à un pareil Etabliffement, ne
monteront pas à plus de neuf millions de
dépenfes pour chacune, ou à trente fix
millions pour les quatre, dont nous avons
affigné les fonds. Mais quand bien même
on fuppoferoit la dépenfe beaucoup plus

forte , nous aurons, comme on va le démontrer, des reſſources plus que ſuffiſantes pour faire face à tout. Il ne s'agit que de déterminer l'Etat & le public à former cette entrepriſe & à la commencer.

CHAPITRE V.

Quelle ſera à peu près la quantité de perſonnes qui pourront venir habiter ces maiſons d'aſſociation pour les domeſtiques.

Les lecteurs accoutumés, dans tout le cours de cet ouvrage, de voir marcher, à côté des différents établiſſements nouveaux que je propoſe, des preuves démonſtratives des avantages qui en peuvent réſulter pour le bien de l'Etat & celui des particuliers, ſeront ſans doute allarmés des taxes que j'impoſe ſur les maîtres & ſur les domeſtiques, ſi je ne leur fais connoître en même tems le bien réel que ces maiſons rapporteront au public. Mais ce ſeroit entreprendre quant à préſent une tâche qui jetteroit de la confuſion dans tout ce que nous avons à dire. Nous avons déja fait voir que les réglemens détaillés ci-deſſus tendent à maintenir le bon ordre dans l'Etat, à mettre de la diſcipline parmi les domeſtiques, & à diminuer par des taxes le luxe & l'oſtentation des maîtres. C'eſt déja un grand bien.

Nous n'en resterons pas là ; nous démontrerons par la suite que ces taxes produiront un revenu réel, & nous nous flattons de faire toucher au doigt que ce revenu ira à plus de 100 pour 100 ; après cette assurance nous prions le lecteur de ne point s'impatienter & de lire jusqu'au bout jusqu'à ce que nous ayons la commodité de lui tenir parole. Venons à notre objet actuel.

Nous avons précédemment évalué le nombre des domestiques actuellement servant chez les maîtres tant à Paris que dans les environs à quatre lieues, à la ronde, à la quantité de 180000. Comme tous ces domestiques auront leur azyle dans ces maisons d'association, nous supposerons encore que sur la totalité, il y en a à peu près un vingtieme qui sont malades, infirmes, ou invalides & hors d'état de pouvoir continuer le service. Toutes ces personnes ne peuvent que désirer d'être reçues dans ces maisons ; les malades pour y être traités & médicamentés gratis, & les personnes âgées pour y passer tranquillement le reste de leurs jours. Ainsi nous croyons que ce n'est pas trop que d'évaluer tous ces gens à 10000 tout au moins. Les domestiques qui sont sans condition, & qui suivant les réglemens seront obligés d'aller demeurer dans les maisons d'association en attendant qu'ils ayent trouvé à se placer chez quelques maîtres, monteront bien encore à autant, tout au moins, tant hommes que femmes. Voilà donc pour ces deux articles feulement 200000 perfonnes.

Comme il feroit accordé que tous les domeſtiques y pourroient placer leurs enfans dès le moment de leur naiſſance, pour y être élevés aux dépens de la maiſon d'aſſociation juſqu'à l'âge de dix-huit ans tant les garçons que les filles; cela fera encore un objet conſidérable, pour le nombre de ſujets que cette faculté jettera dans ces maiſons. Il eſt vrai que pendant les premieres années, la maiſon tiendra ces enfans chez des nourrices dans les campagnes, & que ce ſera autant d'embarras de moins; mais ils n'en coûteront que plus à la maiſon. D'ailleurs, on les retirera des nourrices, les filles à quatre ans & les garçons à ſix. Pendant ce tems la maiſon payera ſix livres par mois, ſauf aux peres & meres de donner quelque choſe de plus s'ils le veulent, à la nourrice avec qui ils pourront s'accommoder & faire marché pour cela.

Pour ſavoir à peu près à quel nombre peuvent monter tous ces enfans, ſuppoſons que de tous les domeſtiques il y en ait le tiers de mariés & qu'ils s'allient les uns aux autres; cela formera 30000 mariages: car je ſuppoſe qu'il y en aura beaucoup tant hommes que femmes qui s'allieront avec des gens d'un autre état, & qui ne voudront pas placer leurs enfans à la maiſon d'aſſociation, & que même parmi les domeſtiques il s'en trouvera auſſi qui voudront les élever eux-mêmes. Je ne crois donc pas que ce ſoit exagérer que d'eſtimer à 30000 le nombre de ceux qui voudront avoir recours à la maiſon pour élever leur famille. Suppoſons encore que dans chacun de ces ménages il y ait deux enfans que les peres donneront à la maiſon pour y être élevés juſqu'à l'âge de dix-huit ans; cela feroit 60000 enfans, ſur lequel nombre on en peut ôter un tiers qui ſeront en nourrice ou qui mourront. Reſte 40 mille enfans qui vivront dans la maiſon depuis l'âge de 4 ou 6 ans juſqu'à 18. D'après toutes ces ſuppoſitions, il pourra y avoir en tout environ 60 mille perſonnes de la claſſe des domeſtiques qui ſeront habituellement dans les maiſons d'aſſociation deſtinées à l'uſage de Paris & des environs, c'eſt-à-dire environ 15 mille dans chacune.

Outre les domeſtiques dont nous venons de parler, & qui auront leur azyle par privilege dans ces maiſons, nous y joindrons auſſi la claſſe du bas peuple qui s'occupe à cultiver les jardins bourgeois, & ceux des marchés, les boulangers de Paris & des environs, les charretiers, les cochers de remiſes & fiacres, les blanchiſſeurs & blanchiſſeuſes, les crocheteurs, porteurs d'eau, & généralement tout le bas peuple qui ne ſera d'aucune des profeſſions méchaniques érigées en charge. Tous ces gens ſeront admis dans les maiſons d'affociation des domeftiques, lorfqu'ils feront infirmes & hors d'état de travailler; mais non pas dans le cas de maladies. Car alors les maifons d'affociation des marchands, qui feront établies dans les villes, feront obligées de les foigner & médicamenter jufqu'à entiere guérifon, comme nous l'avons expliqué ci-devant. Il n'y aura donc de retraite permanente dans ces maifons affectées principalement aux domeftiques, que pour les domeftiques malades, enfans, vieillards, & orphelins, & pour les vieillards & infirmes des autres profeffions qui ne font pas érigées en charges. Tous ceux qui fe trouveront fans condition chez les maîtres, les ouvriers qui n'auront point d'occupation pourront aller dans ces maifons; on les y fera travailler à ce qu'ils pourront faire, & ils y demeureront. A l'égard des vieillards & des orphelins, ils y trouveront tout ce qui leur fera néceffaire, de maniere que ces maifons feront pour les perfonnes oifives un azyle affuré contre la mifere à laquelle ils font expofés journellement.

Toutes les profeffions qui travaillent pour la bouche, comme cabaretiers, traiteurs, bouchers, rotiffeurs, &c. tant les garçons de boutique que les maîtres qui fur leurs vieux jours fe trouveront hors d'état de travailler & qui n'auront pas un certain bien pour vivre, pourront fe retirer dans la maifon. Il en fera de même de

leurs enfans orphelins. La maison d'affociation fera leur tutrice née, comme nous
l'avons obfervé précédemment à l'égard
des maifons communes d'artifans dont la
profeffion peut être d'un commerce à fe
mettre en magazin.

Suivant ce plan, il n'eft pas douteux que
les différentes claffes de peuple dont nous
venons de parler, pourront monter à plus
de 12000 perfonnes au moins dans Paris &
les environs, qui fe trouveront dans le
cas de venir chercher un refuge dans les
maifons d'affociation. Ces 12000 joints
aux 60000 que nous avons déja comptés,
formeront environ 72000 perfonnes pour
les quatre maifons. C'eft pour cela que
nous avons propofé d'abord de faire les
logements capables de recevoir au moins
80 mille perfonnes en tout, ou 20 mille
pour chaque maifon d'affociation des domeftiques.

Chacune de ces claffes fera conduite
par des chefs choifis dans la claffe même,
& qui par leurs bonnes mœurs & par une
conduite réguliere, auront mérité cette dis-
tiction à peu près de même que nous l'a-
vons enfeignée en parlant des autres maifons d'affociation, particuliérement en
traitant de celles des payfans à la campagne.

CHAPITRE VI.

Du logement & des occupations de toutes les différentes personnes qui habiteront dans ces maisons d'association.

Les hommes & les femmes ne feront pas confondus enfemble : il y aura pour chaque fexe des quartiers abfolument féparés, & il fera extrêmement défendu fous peine d'exclufion, aux hommes d'aller dans le quartier des femmes, ni les femmes dans celui des hommes, fans une permiffion expreffe des fupérieurs. Dans chaque quartier il y aura encore de cantons diftingués afin que les différentes claffes ne foient pas mêlées : ainfi les valets de chambre ne feront pas logés avec les autres domeftiques ni les femmes de chambre avec les cuifinieres & fervantes ordinaires.

Ceux qui feront dans ces maifons pour y paffer le refte de leurs jours, & qui voudront s'y rendre utiles autant que leur âge & leur fanté le leur permettront, y feront occupés à des travaux convenables à leurs forces & à leurs talents. Ceux en qui on reconnoîtra de l'intelligence & de la conduite, auront de jeunes perfonnes de leur fexe qu'on leur confiera pour les dreffer & les conduire à l'ouvrage ; les hommes auront un certain nombre de jeunes garçons à inftruire ; & des femmes veilleront à l'éducation des jeunes filles. Les enfans des valets de chambre & autres domesti-ques un peu diftingués ne feront pas éle-vés parmi ceux des fimples laquais, & on les traitera felon le grade de leur naiffan-ce. On fera une claffe féparée de tous les domeftiques qui auront fervi ou qui fer-vent dans les maifons de la haute nobles-fe. Enfin tous en général feront logés claffe par claffe, & dans des quartiers af-fectés à chaque claffe.

Il en fera de même pour tous ceux qui viendront dans ces maifons feulement pour un tems, foit pour fe faire guérir étant malades, foit pour y loger en atten-dant qu'ils ayent une condition. On les diftribuera fuivant leur état.

On n'y recevra jamais des fujets notoi-rement vicieux & libertins; car il y aura des prifons & des maifons de force qui leur conviennent. Les maifons d'affocia-tion ne font point deftinées à cet ufage. C'eft à quoi on aura foin de tenir fcrupu-leufement la main dans toutes les maifons communes de marchands & d'artifants, de payfans & de domeftiques. Si on n'avoit pas à cet égard toute la vigilance poffible & qu'on fe relâchât tant foit peu fur ce point, il en feroit bientôt de ces maifons comme de prefque tous nos hôpitaux ac-tuels; elles feroient décriées & en quelque forte deshonnorées par le mêlange des bons & des méchans; & on fe feroit une peine d'aller s'y retirer: ce qui détruiroit

un des principaux objets de leur établissement.

On aura attention que chaque classe soit
gouvernée par des personnes tirées de la
même classe; qu'outre une bonne conduite & de la capacité, ces chefs soient du
nombre des gens qui y seront à demeure &
qui voudront consacrer le reste de leurs
jours au service de cette maison. Tout
sera divisé & reparti par cours & quartiers
différens, dont chacun aura des supérieurs
& des bureaux à part, où on s'adressera
pour tout ce qui concerne leur district, tant
pour la nourriture que pour tous les autres
besoins, aussi bien que pour les occupations & le revenu que les différents travaux procureront à la maison.

A l'égard des classes des hommes forts
& vigoureux, on les employera à la culture du parc en jardinage, prairies, pâtu-
rages, grains & légumes; les femmes &
les filles de ces sortes de gens seront destinées pour le service & le soin des
bestiaux, de la volaille, & même pour le
travail du parc, travail dont on ne les
chargera cependant qu'à proportion de
leur sexe, de leur âge & de leur force.
Ainsi tout ce qui sera domestique, jardi-
nier, ou ouvrier de peine dans la ville,
& ce qu'on appelle le plus communément gagne-denier, sera employé à cette
occupation.

Les crocheteurs, porteurs d'eau, charretiers, cochers, palfréniers &c. seront

occupés à conduire & charger les voitures néceffaires pour le fervice de la maifon, ou pour porter eux-mêmes des fardeaux à proportion de leurs forces, ou même pour travailler dans le parc en cas qu'ils y foient néceffaires. Les femmes & les filles de toutes ces perfonnes feront occupées à laver le linge, & faire les gros ouvrages dans les cuifines, & infirmeries pour le foin des malades.

Pour ceux qui feront de quelques-unes des claffes ou profeffions qui ont rapport à la bouche, tels que les boulangers, pâtis-fiers, traiteurs, rôtiffeurs & autres, ils s'occuperont à la boulangerie de la mai-fon, ou pour faire le pain qu'il faudra pour fournir le commerce que la maifon en fera pour fon profit; on y occupera auffi les domeftiques cuifiniers, quand ceux que je viens de dire ne fuffiront pas. La cuifine fera faite pour les hommes par des cuifiniers & autres gens dont le mé-tier aura concerné la bouche, & pour les femmes par des cuifinieres & fervantes bourgeoifes. Mais comme toutes les fer-vantes & cuifinieres ne pourront pas être occupées de la cuifine qui les concerne-ra, on y fera fervir toutes celles qui au-ront eu moins de cinquante écus de ga-ges; & celles qui auront eu au-deffus, & au-deffous feront employées à repaffer, plier, & empaqueter le linge. Les femmes de chambre, femmes de charge, auront la conduite du linge fin pour le blanchir & le repasser; & elles se feront aider dans ces fonctions par des jeunes filles de la même classe qu'elles instruiront à travailler.

Les valets de chambre les plus entendus auront des détails pour conduire des bureaux dans tous ces districts, & on leur donnera sous eux de jeunes garçons & d'autres hommes pour les instruire & les occuper tous suivant leurs inclinations & leurs talents. Ils seront en outre obligés d'apprendre aux jeunes garçons de leur classe & de celle des laquais, deux jours de la semaine, à raser & à accomoder les perruques, à friser & à coëffer. S'il se trouve des laquais assez habiles pour cela, ils en feront autant à ceux de leur classe.

Ceux qui auront de meilleurs principes pour la lecture, l'écriture & le calcul, apprendront à lire, écrire & calculer aux enfans du corps des domestiques, &c. Pour cet effet il y aura école quatre jours de la semaine.

Les femmes en feront autant pour les jeunes filles; elles leur apprendront à lire, écrire, calculer, coëffer, friser, coudre, broder, tricotter, raccomoder le linge & les dentelles, à les blanchir, faire une cuisine bourgeoise, &c. Les plus habiles & qui seront reconnues de bonnes mœurs donneront des leçons aux autres. Mais on punira très sévérement tous les propos libres & indécens & tout ce qui peut tendre au libertinage. Les chefs & les fupérieurs de l'un & l'autre fexe auront grande attention de veiller à cet article, & d'y tenir la main fous peine d'encourir eux-mêmes une punition exemplaire.

On exercera donc dans ces maifons d'affociation toutes ces profeffions, favoir de blanchir le linge, de raccommoder le vieux, d'en faire de neuf, &c. La boulangerie fera pour les hommes une principale fabrique qui s'y fera comme un commerce acceffoire au blanchiffage & au linge.

On établira dans chacune de ces maifons des moulins à papier qui donneront, encore beaucoup d'occupation à tous ceux qui y demeureront. L'acceffoire de la boulangerie fera pareillement des fabriques d'amidon. Outre cela il y aura le jardinage des marchés, auquel feront employées les terres contenues dans les parcs, & par cette raifon on y élevera quantité de vaches à lait par le moyen defquelles on pourra monter une très bonne laitterie qui fournira à la capitale du lait, du beurre frais, & du fromage excellent.

Tous ces objets font par eux-mêmes d'un détail immenfe, propres à occuper les habitans de ces maifons, & rapporteront des revenus confidérables. Nous allons entrer par rapport à tout cela dans quelques particularités pour faire comprendre à nos lecteurs quels font les effets d'une bonne adminiftration, quand on fait réunir à propos les talens & l'exactitude avec l'économie dans des entreprifes auffi intéreſſantes que celles - ci & aux portes d'une capitale.

✱✱✱✱✱✱✱✱✱✱✱✱✱✱✱✱✱✱✱✱✱✱✱✱✱✱

CHAPITRE VII.

Détail très intéreſſant ſur le blanchiſſage du linge pour Paris en particulier & en général pour tout le roysume.

Il y a fort peu de gens qui ne ſoient dans le cas de ſavoir par expérience que la dépenſe que chacun fait en linge pour ſon uſage à proportion de ſon état & de ſes facultés, ne ſoit un très gros objet; mais il le devient encore beaucoup plus par la méthode affreuſe avec laquelle on blanchit le linge. Le blanchiſſage communément l'uſe d'avantage que le ſervice réel qu'on en retire, ſi on n'a la plus grande attention pour le ménager dans toutes les opérations par lesquelles on le fait paſſer chaque fois qu'on le blanchit. Ceux qui ont la commodité de faire faire cette ſorte d'ouvrage chez eux & ſous leurs yeux, peuvent aiſément voir quelle différence il y a entre blanchir le linge dans ſa maiſon ſoi-même, ainſi qu'on le pratique preſque par toute la Flandre, ou de le confier à des perſonnes qui en font publiquement métier.

Les petites remarques que j'ai eu occaſion de faire ſur les différentes manieres de blanchir le linge dans les différents pays, m'ont mis à portée de connoître entre toutes les différentes méthodes quelle est la meilleure, & de juger par leurs effets, celle qui doit avoir l'avantage sur les autres soit pour le blanc du linge soit pour la durée de la toile. Mais je n'en ai pas trouvé de plus mauvaise & de plus contraire à la bonne économie que celle qui se pratique à Paris, soit pour la façon de faire la lessive, soit pour laver, savonner, étendre & même repasser le linge. Si on veut comparer cette méthode qui n'est que trop communément pratiquée par les blanchisseuses même les plus fameuses, avec celle que l'on suit en Flandre & quelque part en Hollande sur-tout dans les maisons bourgeoises, on verra qu'il n'est pas possible qu'a Paris le linge soit aussi blanc, ni qu'il ait moitié tant de durée.

Il y a encore d'autres moyens plus simples qu'on emploie dans les Indes, & que des personnes de ma connoissance ont fait éprouver chez elles pour leur usage, & qui ont beaucoup de succès. Mais comme ce n'est point ici le lieu de faire un détail particulier de ces différentes méthodes, pour mettre mes lecteurs plus au fait sur la matiere du blanchissage des linges, il me suffira quant à présent de faire observer, qu'on pourroit aisément introduire la meilleure méthode dans les maisons d'association des domestiques; & en y occupant les habitans à cette entreprise

en-

entre autres ouvrages, on rendroit sans doute un service essentiel à tout le public.

Il ne faut pas regarder cet objet comme une bagatelle qui ne mérite pas attention: on se tromperoit à coup sûr. Pour moi je le crois si intéressant, qu'il m'a paru digne d'occuper les vues politiques du ministere ; & c'est dans ce sens que je vais en traiter & le faire envisager ici. Il est à propos d'éclairer le public sur une chose qui le touche de si près, & lui prouver qu'il est de son intérêt de se convaincre par des essais répétés, si mes idées à cet égard sont justes. Je détaillerai dans un ouvrage exprès sur cette matiere, les différents moyens qu'on peut employer; & la preuve qu'on en fera est plus capable de persuader que les raisonnemens les plus concluans ne pourroient faire. En attendant examinons à quoi peuvent monter à peu près la dépense du blanchissage des linges dans le cours d'une année à Paris & aux environs.

Pour parvenir à cet égard à quelque chose de certain, il est à propos de considérer la chose d'abord dans les extrêmes & ensuite dans l'état moyen. Paris est une ville opulente où le luxe regne plus que par-tout ailleurs, par conséquent on y consomme plus de linge que dans aucune autre ville, & le blanchissage doit y être regardé comme un objet bien plus intéressant pour tout le monde, à qui il est devenu un besoin d'une nécessité indispenfable. J'ai remarqué qu'à Paris les gens les plus misérables mettent du linge blanc au moins une fois chaque semaine. Le moins c'eſt une chemiſe, un col & un mouchoir, & il en coûte pour cela trois ſols, à bon marché faire. Tous les mois au moins il faut une paire de draps, c'eſt encore 4 ou 5 ſols, ou un ſol & plus par ſemaine.

D'ailleurs les femmes ont des coëffures, des tabliers & des hardes qui ſont ſuccep-tibles de blanchiſſage pour la propreté. Joignez y le linge de table & de cuiſine, qui quand on ménageroit beaucoup, fait un objet très conſidérable. Ce ne ſera pas trop évaluer toutes ces choſes que d'eſti-mer le blanchiſſage en totalité à environ 6 ſols par ſemaine pour chaque perſonne dans un ménage mediocre, car les enfans n'en uſent pas moins que les grandes per-ſonnes.

Les gens qui ſont dans l'opulence & qui donnent à manger font bien une autre dé-penſe. Tous les jours il faut mettre du linge blanc; & comme ce linge eſt fort beau & blanchi avec plus de ſoin il coûte davantage. Il y faut de plus bien d'autres ſortes de linge, & dont le détail nous meneroit trop loin. J'ai conſulté ſur cette matiere des perſonnes qui par leur état ſont à portée de connoître cette partie juf-ques dans la plus petite minutie; elles m'ont aſſuré que proportion gardée des hommes avec les femmes, elles ne vou-

droient pas deffrayer les gens qui font
dans l'ufage de prendre du linge tous les
jours, pour 3 livres par femaine pour
chaque perfonne. Or à compter les chefs
de famille & les enfans des grands feigneurs
de Paris, depuis les princes jufqu'à ceux qui
jouïffent de 5 à 6 mille livres de rente, il y
a à Paris beaucoup de gens dans ce cas,
& toutes ces familles font très nombreufes. Prenant donc un milieu entre ces
gens-là d'une part, & de l'autre l'état du
marchand & celui de l'artifant un peu
aifé, j'ai trouvé par mes obfervations que
la dépenfe commune du fimple blanchiffage pouvoit aller du fort au foible à 20
fols par femaine pour chacun, en y comprenant le linge commun du ménage, &
même le blanchiffage des bas. Tout cela
combiné enfemble & eu égard enfuite à
toutes fortes de claffes & d'états différens,
même au bas peuple habitant dans la capitale ou aux environs, je crois qu'on
peut fixer la dépenfe du blanchiffage total
à raifon de 12 fols par femaine pour chaque perfonne.

En partant de cette fuppofition qui ne
me paroît pas trop forte, cela fera par
année environ 30 liv. par tête; & comme
il y a très peu de gens dans le nombre
qui fe blanchiffent eux-mêmes & qui ne
donnent pas leur linge aux blanchiffeufes,
nous eftimons un million d'habitans pour
Paris & fes environs à quatre lieues, y compris Verfailles: ce qui à 30 livres par an-

née fera 30 millions de dépenſe que coûte le blanchiſſage du linge. Il en eſt de même à proportion de toutes les autres grandes villes du royaume: car pour les campagnes on eſt communément dans l'habitude de blanchir chez ſoi ; je ne les compte pas.

Suivant les rapports les plus juſtes, & les combinaiſons les plus exactes qui ont été faites ſur cet objet, j'ai trouvé que les villes conſidérables qui ſont en France & où le blanchiſſage du linge eſt livré à des perſonnes qui s'y occupent par métier, peuvent être appréciées à deux fois autant de dépenſe que celle qui ſe fait à Paris; ainſi ce ſera pour tout le royaume 90 millions ou environ qui ſe conſomment tous les ans en France pour le ſeul blanchiſſage. On voit par ce calcul que dans un Etat auſſi étendu que ce royaume, il n'y a point de petits objets & que le blanchiſſage n'eſt pas une dépenſe à pouvoir être regardée comme une bagatelle.

On démontrera qu'au moyen de notre méthode de blanchir le linge, il ſera beaucoup plus blanc que par la méthode ordinaire, & il ne s'uſera & ſe dégradera pas moitié autant qu'il le fait actuellement. Cette branche d'économie ne ſera pas d'une petite importance pour les particuliers ; car on eſtime que la dépenſe du linge & ſon entretien habituel égalent à peu près celle du blanchiſſage, ſi ils ne vont pas même plus loin. Mais quand on ʃeroit marcher de pair ces deux articles dans toutes les différentes claʃʃes du peuple à cauʃe des différentes qualités des toiles dont on fait uʃage, ce ʃera encore un ménage & une économie très conʃidérable. On diminueroit de la motié la dépenʃe annuelle pour cet article; c'eʃt-à-dire que ce ʃeroit pour tout le Royaume 45 millions d'épargnés tous les ans, & 15 millions pour Paris ʃeul, que cette éconnomie ménagera dans la bourʃe des habitans.

Ajoutons que le linge, outre qu'il ʃera plus net & d'un plus beau blanc qu'il n'eʃt actuellement, pourra de plus être blanchi à un quart moins de dépenʃe. Ce ʃera donc encore ʃept millions cinq cent mille livres qui joint à l'épargne qu'on fera à cauʃe du linge qui durera plus longtems formera au bout de l'an pour Paris ʃeul un objet de 28 millions 500 mille livres de profit, ou ce qui revient au même de debourʃé de moins à faire.

Les perʃonnes qui par leurs taxes qu'elles auront payées tous les ans pour le nombre & la qualité de leurs domeʃtiques & qui par-là auront contribué d'autant à la fondation de cet établiʃʃement, n'ayant fourni en tout que 3 millions 600 mille livres comme on l'a vu plus haut, ʃeront bien dédomagées par une épargne de 22 à 23 millions, qu'elles dépenʃeront de moins, & auprès desquels cette taxe légere ne peut supporter aucune comparaison.

Outre le grand bénéfice qu'il est démontré que le public tirera de ces maisons par l'épargne qui vient d'être annoncée, cet établissement donnera occasion de mettre en valeur une multitude de bras qui actuellement ne sont point occupés, & qui s'employant alors à tous les ouvrages que nous leur avons assignés, rempliront un vuide & feront que tout le peuple qui actuellement est chargé de tous ces différents travaux, ne pouvant plus blanchir le linge à aussi bas prix ni si bien, feront obligés de retourner au travail de la terre qui manque d'ouvriers de toutes parts, ou de faire d'autres professions aussi nécessaires.

D'un autre côté, comme les personnes les plus opulentes ainsi que les familles les moins à leur aise, gagneront à ce nouvel arrangement, puisque les terres étant mieux cultivées rapporteront davantage, l'abondance qui en résultera enrichira tous les habitans du royaume à proportion; & le commerce en deviendra d'autant plus brillant. Car par l'effet de notre sistême les seules maisons d'association des domestiques pour Paris, Versailles & les environs, feront capables de procurer aux terres du royaume quarante mille ouvriers de plus tant hommes que femmes & à proportion pour les autres grandes villes.

On peut faire à ce sujet des spéculations très étendues ; mais pour les rendre en même tems plus certaines, on prie les lecteurs de faire attention qu'en supposant que l'on bâtisse dans des lieux & emplacemens tels qu'ils doivent être pour y avoir des buanderies, des lavanderies, ainsi que des endroits pour étendre & sécher le linge, tout le peuple qui habitera ces maisons, tel que je l'ai dit, & occupé comme je l'ai dit, ne coûtera pas plus que la simple nourriture. Il n'en faut pas d'avantage pour produire l'effet que j'ai annoncé. Ces bâtimens sont d'une conséquence absolue pour ménager le linge & éviter bien de la peine aux ouvriers qui seront employés à le blanchir, sur-tout dans la saison de l'hiver, où le froid & la gelée sont très incommodes, & sont cause que le linge venant à en être frappé, se déchire & s'use bien plus vîte. L'été même ne laisse pas d'avoir aussi son incommodité quoique bien moins considérable, l'ardeur violente du soleil & la châleur excessive nuisant beaucoup aux personnes qui lavent le linge.

Comme toutes les lavanderies & les buanderies seroient placées dans des caves en été & en hyver, & que l'ardeur du soleil ne pourroit y pénétrer non plus que la violence de la gelée, les gens employés à faire la lessive & à laver le linge, à coup sûr en souffriront bien moins ainsi que le linge même.

D 4

Ajoutons à tout cela que le linge feroit étendu par terre fur le gazon en été, comme cela fe pratique en Hollande, & l'hyver dans des galletats faits exprès; au moyen de quoi il ne feroit pas expofé aux vents & à tous les tiraillemens qu'il en éprouve fur des perches au grand air, comme on le voit habituellement aux fenêtres des blanchiffeurs de Paris ou dans les champs fur des cordes. Cette façon de faire fécher le linge contribue beaucoup à l'ufer, & les fortes tortures qu'on lui donne en le faifant paffer dans des leffives de foude & de cendres trop fortes & trop mordicantes.

Si je donne des moyens pour ôter tous ces inconvéniens qui fe rencontrent dans le blanchiffage ordinaire, comme en effet j'en donnerai dont j'ai reconnu la bonté par quantité d'expériences, on doit être affuré que le linge fera bien plus ménagé & durera deux fois plus de tems qu'il ne fait à préfent.

A l'égard de l'avantage que j'ai propofé en difant que la maifon pourra blanchir à un quart moins qu'il n'en coûte d'ordinaire, il n'y a point la moindre difficulté à le croire : car tout fera à bien meilleur compte pour les entrepreneurs. Ils tireront les bois en droiture des forêts; le favon pourra fe fabriquer, fi l'on veut dans la maifon même, ou du moins ce favon, ainfi que les autres ingrédiens, attendu la grande confommation qu'on en fera, pourront fe tirer des pays même qui les fourniffent, & au même prix que les marchands épiciers; ainfi l'on fera fur tout cela beaucoup d'épargne.

D'après cet expofé tout fimple, il n'eft pas douteux que cette blanchifferie générale ne foit d'un avantage auffi réel que nous l'avons dit plus haut, tant pour le public que pour l'entretien de ces maifons. D'où il s'enfuit que de quelque façon que l'on envifage notre projet on ne peut qu'y appercevoir un profit immenfe. Nous ne nous en tiendrons pas cependant à cette exquiffe. Il y a encore bien des avantages auffi confidérables pour le moins, que nous allons parcourir en les expofant fous les yeux de nos lecteurs fucceffivement, & faifant voir la grande utilité qu'on en peut tirer.

✿✿✿✿✿✿✿✿✿✿✿✿✿✿✿✿✿✿✿✿✿✿✿✿✿✿

CHAPITRE VIII.

Détails concernant les papeteries en général qu'on pourroit établir dans ces nouvelles maifons d'affociation.

Nous avons pofé pour principe dans les chapitres précédents, que pour rendre les peuples heureux dans un Etat quel qu'il foit, il falloit affigner à chaque membre des occupations convenables & relatives au bien général de la fociété. C'eft d'après ce plan que nous avons affigué le blan-

chiffage du linge à tous les domeftiques,
femmes, enfans & autres qui habiteront
les maifons dont nous venons de propofer
l'établiffement. Surement cette occupation leur fera très convenable ; car les
domeftiques étant faits pour fervir dans
les maifons, doivent être inftruits de cette
befogne, fur-tout les femmes à qui cet
état n'eft point du tout oppofé.

Cependant comme tout le monde qui
habiteroit ces maifons ne feroit pas fuffifamment occupé, il fera bon d'y établir
encore dans chacune un moulin à papier.
Cette fabrique fera auffi très convenable
pour des perfonnes qui n'ont aucune profeffion méchanique, tels que font les
domeftiques, leurs enfans & beaucoup
d'autres fortes de gens qu'on recevra dans
ces maifons, parce qu'il ne s'agit que de
travailler d'abord à découdre, couper,
blanchir les chiffons avec lefquels on
fait la matiere du papier. Enfuite quand
ils font moulus, réduits en pâte, & que
le papier eft fabriqué, il ne faut que l'é-
taler pour le faire fecher. Tout cela eft
très facile à faire pour de fimples domestiques, dès qu'il y aura quelques ouvriers
papetiers habiles pour la manufacture, &
qu'ils voudront fe donner la peine d'en
dreffer d'autres aux ouvrages de ce métier. Il ne s'agit donc que de faire conftruire les moulins, ce qui n'eft par extrêmement difficile. On peut les faire
mouvoir fi l'on veut par le moyen du

vent, comme j'en donnerai le deſſein ; les eaux de la rivierre de Seine ſeront excellentes pour cela lorſqu'elles ſeront filtrées ; & comme il en faudra beaucoup pour arroſer les terres des parcs, on poura auparavant les employer à la papeterie. Dans la ſuite de cet ouvrage j'enſeignerai des moyens par leſquels il ſera très facile de faire mouvoir ces moulins, ſi on le juge plus à propos par le ſecours des courants d'eau ; mais comme ce n'eſt point ici le lieu de traiter cette matiere, paſſons à ce qui concerne plus particuliérement l'objet du papier, je veux dire les chiffons ou le vieux linge.

Tous les entrepreneurs des papeteries en général ſe plaignent de ce que la matiere leur manque ; c'eſt la raiſon qui fait que le papier eſt devenu ſi cher. Il eſt ſurprenant que dans un royaume auſſi peuplé & où la conſommation du linge eſt plus forte que par-tout ailleurs, on ne ramaſſe pas plus de chiffons qu'on ne fait. Car à examiner la choſe en général, je crois pouvoir eſtimer qu'il n'y a point de particulier du riche au pauvre qui ne faſſe tous les ans au moins trois livres de chiffons de toile ou vieux linge, en lin ou chanvre, qui ſont les matieres ordinaires que l'on employe pour la fabrique du papier. Sur ce pied-là en ſuppoſant dans tout le royaume, 20 millions d'habitans, cela doit faire 60 millions de livres peſant de vieux chiffons : & ſi une livre de

chiffons peut faire une main de papier
commun, comme elle fuffit en effet, a-
près qu'ils ont été lavés & blanchis; cela produira par chaque année 60 millions
de mains ou 3 millions de rames de papier ordinaire. Cela eft prodigieux, cependant nous ne confommons peut-être
pas un million de rames en papier, car-
tons & autres fortes de matieres provenant des papeteries, qui peuvent être é-
quivalentes à la matiere qu'il faut pour faire 20 millions de mains de papier commun. Nous fommes obligés de tirer de
l'étranger une grande quantité de cette
marchandife, ce qui prouve que de la
matiere qui exifte dans le royaume & qui
eft propre à faire le papier, il n'y en a
par la dixieme partie employée à cet u-
fage.

Cela eft bien facile à comprendre pour
le peu que l'on donne d'argent pour une
livre de chiffon ou de vieux linge. La
plupart des gens n'en font aucun compte,
comme ne valant pas la peine d'y faire
attention. Il n'y a prefque que les habitans de la campagne qui en ramaffent un
peu; & dans ce nombre même il n'y a
que les pauvres gens, parce qu'on leur
en donne tout au plus deux liards de la
livre, ou quelques épingles & aiguilles
en échange. Car c'eft ainfi que les chif-
fonniers font le commerce du chiffon dans
le fond des provinces.

A l'égard des grandes villes & des maifons un peu opulentes qui font celles où on fait le plus de confommation de linge, & où le chiffon eft d'une qualité fupérieure, peu de perfonnes s'avifent de conferver les vieilles guénilles de toile. C'eft pourtant ce linge fin qui feroit le plus beau papier; & notre papier en France eft pour l'ordinaire très commun. Le luxe eft trop grand dans les villes, & le prix du chiffon trop modique pour attirer l'attention des domeftiques fur une auffi petite bagatelle que le profit qu'ils en pouroient retirer. C'eft là ce qui fait que prefque par-tout on le brûle pour allumer le feu, ou on le facrifie indifféremment à différents autres ufages, qui le confomment fans néceffité.

Voilà a peu près où en font les chofes à cet égard. C'eft une perte confidérable pour l'Etat: car cette branche de commerce eft importante & embraffe bien des objets. Elle fait 1°. la baze de l'imprimerie & de la librairie; c'en eft la principale matiere & la plus forte dépenfe. 2°. On en employe une quantité prodigieufe qui fe confomme pour envelopper les marchandifes. 3°. On en ufe une très forte quantité pour l'écriture & pour les cartes, les gravures &c. enfin il y a une infinité de chofes auxquelles on emploie le papier; de forte que fi l'on pouvoit ramaffer toute la matiere propre à en faire, qui fe trouve dans le royaume & qu'on la mît à profit, notre commerce deviéndroit d'une étendue beaucoup plus grande.

S'il étoit poſſible de fabriquer dans la France trois millions de rames de papier, ne les eſtimât-on que ſur le pied de 5 liv. la rame du fort au foible, cela feroit un objet de quinze millions tous les ans pour le commerce de cette fabrique en général. Il feroit donc eſſentiel de trouver des moyens pour obliger les particuliers à ne pas perdre mal à propos leur vieux linge, comme ils font communément dans les grandes villes, où on eſt abſolument indifférent pour cet objet important.

Je penſe qu'au moyen de mes blanchiſſeries des maiſons d'aſſociation des domeſtiques, la choſe pourroit être pratiquable. Comme je crois l'avoir demontré, chacun trouveroit un avantage réel à y faire blanchir ſon linge, on pourroit donc obliger chaque ménage ou famille qui voudroit le faire blanchir dans ces maiſons, de donner par chaque perſonne de quelque âge que ce ſoit quatre livres peſant de chiffon ou vieux linge blanc & propre par an; faute de quoi elle payeroit à la maiſon par forme d'amende 5 ſols par livre de chiffon qu'elle auroit du fournir, ou qui lui manqueroit pour completter ſa fourniture. En s'y prenant ainſi, on mettroit tout le monde dans le cas de conſerver & ne pas perdre le vieux linge; car dès qu'il en coûteroit alors 5 ſols par li vre pour suppléer à la livraison de cette cotisation, chacun y feroit attention. On feroit ramasser exactement son contingent par ses domestiques, il arriveroit de-là que sans qu'il en coûtât au particulier rien qu'un peu de soin de plus, on auroit autant de vieux linge qu'on pouroit en desirer, & même du linge de la premiere finesse avec lequel on feroit du papier qui égaleroit en beauté le meilleur papier de Hollande. Cela donneroit à coup sûr de la réputation à nos fabriques, & les étrangers en tireroient beaucoup de chez nous. Je me propose de traiter dans une plus grande étendue cette partie de commerce dans l'article où il sera question des manufactures en général. Venons à notre objet.

Les maisons d'association des domestiques auront, comme nous l'avons déja dit, des moulins à papier pour occuper les personnes qui y habiteront. En y faisant fabriquer en papier les vieux chiffons qu'on ramassera à l'occasion du blanchissage du linge, il est certain qu'on en fabriquera une quantité considérable. Il est raisonnable de supposer que presque tout le monde y fera blanchir son linge, surtout les habitans de toutes les grandes villes du Royaume, or en évaluant sur le pied de trois livres de chiffons par personne, un million d'habitans que l'on compte communément dans Paris, en fourniront trois millions de livres chaque année : ce qui suffira pour fabriquer trois millions de mains ou 150000 rames de papier pour Paris seul & les environs. Vu la finesse du linge, on peut présumer que la matiere étant très fine le papier en sera très beau : ainsi on peut bien l'estimer du fort au foible à raison de 8 livres la rame, en le taxant à un prix très modique. Cet article seul produira donc 1200 mille livres en argent que vaudront aux maisons d'association les seuls moulins à papier qui y seront établis.

Nous n'avons fait, comme on voit, qu'ébaucher cette matiere : aussi elle mériteroit elle seule un traité particulier. Nous en parlerons plus amplement dans la suite. Ce que nous venons d'en dire ici, doit suffire pour faire remarquer à nos lecteurs l'étendue de nos vues sur l'emploi des habitans de ces maisons. Passons maintenant à l'article de la boulangerie.

CHAPITRE IX.

Détail d'une fabrique de pain. Quelle en est l'utilité & quel en seroit le revenu, aux portes des grandes villes & surtout dans les environs de Paris.

Après avoir parlé du blanchissage & d'une manufacture de papier, rien ne convient tant à une société de domestiques,

que

que l'occupation d'une boulangerie. L'ouvrage qui s'y fait est ordinaire à des domestiques & ils n'y seroient point du tout étrangers. Du moins, il y en a très peu qui ne fussent en état d'y rendre des services, sur-tout les femmes qui pour la plupart sont destinées au travail de la cuisine. De plus il y auroit, comme nous l'avons déja fait remarquer, des garçons boulangers qui seroient obligés de venir dans ces maisons pour attendre que les maîtres de leur profession vinssent les demander pour leur donner de l'ouvrage, ou enfin ils seroient reçus dans leur vieillesse pour toujours. Ces maisons devenant alors un azyle pour eux, ils y seront à demeure, & ces maisons fourniront aux plus intelligens d'entre eux des directeurs; il y aura de plus tous les garçons pâtissiers, rôtisseurs, traiteurs & autres qui n'ont d'autre profession que le travail pour la bouche; on les occupera à la boulangerie. Par cette raison on ne manquera pas de sujets. Les maîtres boulangers qui n'auront pas réussi dans leur métier, & qui voudront sur leur vieillesse se retirer dans ces maisons, y seront reçus & auront l'inspection sur la fabrique du pain. Ils s'appliqueront de leur mieux à le faire fabriquer avec toute la propreté possible & de la meilleure qualité.

On fera du pain de différentes especes pour l'usage des différentes sortes de gens, & même suivant les différens usages des provinces, afin que les étrangers trouvent dans cette nourriture de quoi se satisfaire. Il n'y aura que le pain molet qui seul ne se fabriquera point dans cette maison, & dont on laissera le commerce aux boulangers de la ville. Il ne sera permis d'y faire que de bon pain bourgeois, & du pain grossier pour le petit peuple que l'on portera dans les marchés, comme font les boulangers forains: ou bien les boulangers de la ville le débiteront dans leurs boutiques moyennant un certain bénéfice qu'on leur accordera.

Il n'y a point de doute qu'une entreprise de cette conséquence ne devienne en peu de temps très avantageuse & pour la maison d'association & pour le public: car comme on fera venir des grains & des farines de tous les côtés & qu'on les tirera de la premiere main, on y fera un gain considérable.

Pour cet effet il y aura à la tête de cette partie un inspecteur chargé de fournir les grains, & dans toutes les provinces voisines, des agens qui lui marqueront de semaine en semaine le prix des grains dans les marchés; cet inspecteur leur donnera des ordres pour faire des levées à mesure qu'il en faudra, & même on pourra avoir dans ces maisons des magasins considérables pour y conserver des grains, afin de n'être jamais au dépourvu.

Il faudra pareillement avoir une quantité suffisante de moulins pour moudre &

belutter les farines, on en fera conftruire exprès fuivant les plans que je donnerai dans la fuite de cet ouvrage. Par rapport au bois à brûler, on agira auffi d'économie. On le fera venir en droiture des forets, où on l'aura à meilleur compte & même fans payer de droits.

En adoptant toutes ces vues d'économie, il fera bien facile à ces maifons d'affociation de faire de bon pain, & même de le vendre à meilleur marché que ne font les boulangers de la place. Mais pour empêcher qu'on ne puiffe jamais faire de monopole, il y aura un tarif fait exprès pour le prix du pain & de la farine qui fe porteront à la halle & dans les marchés de Paris; & la fabrique fera obligée de fournir fon pain fur ce pied. Pour cet effet les magiftrats feront faire toutes les femaines une vifite pour faire tenir la main au maintien du bon ordre. Par ce moyen jamais le public ne fera vexé par les boulangers comme il l'eft préfentement.

Ce plan n'offre que des arrangemens dont les fuites font à l'avantage du public. Quoiqu'il foit toujours permis aux boulangers de fabriquer leur pain & de le vendre publiquement, ils abandonneront d'eux mêmes cet ufage, parce qu'il leur fera pour ainfi dire impoffible de faire le commerce aux mêmes conditions, & d'y trouver un avantage réel. Ainfi prefque tous quitteront la boulangerie, du moins les ouvriers des campagnes; & la plupart viendront dans ces maisons demander de l'emploi pour tout le reste de leurs jours; ou bien ils s'adonneront à la culture des terres, & ce sera autant de gagné pour l'Etat. A l'égard des boulangers de Paris, il est certain qu'ils auront bien moins d'ouvrage à faire. Mais comme ils pouront se charger de la revente du pain de la maison d'association suivant la taxe, ils pourront au moyen du petit bénéfice qu'on leur donnera, se soutenir parfaitement bien eux & leur famille.

D'après les observations que j'ai faites de longue main sur la fabrique & le commerce du pain, j'ai trouvé qu'en suivant cette méthode la maison pourroit gagner communément 3 deniers sur chaque livre de pain, toutes dépenses déduites, de fraix de cuisson, de mouture, & de droit de revente: car on donnera deux liards de profit aux débitans sur chaque pain de quatre livres. Ce pain pourra être donné à bien meilleur marché que le pain des boulangers ordinaires: & assurément le public gagnera encore par là au moins un liard par livre.

A partir de toutes ces suppositions qu'il nous seroit très facile de porter jusqu'à l'évidence, si nous voulions entrer dans de plus grands détails, nous estimerons que Paris & ses environs qui pourront se fournir de ce pain, contiennent environ 1200 mille habitans de tout âge & de toute efpece. Ainfi en écartant 200000 perfonnes qu'on peut laiffer pour les pratiques des boulangers de Paris , parce qu'elles font ufage du pain molet & ne font pas dans le nombre des gens qui confomment beaucoup de pain, on pourra compter du fort au foible environ 1250000 livres de pain fur le pied de 5 quarterons par tête, que la fabrique débitera par jour, & qui à 3 deniers de profit par livre, fuivant notre eftimation, procurera 15625 livres par jour, & par an la fomme de 5 millions 703 mille 125 livres que la maifon fera de profit net fur l'article feul du pain. Le public trouvera un pareil bénéfice fur le bon marché de la vente du pain, ainfi que fur fa bonne qualité.

Voilà comme il eft aifé de faire fentir que ces objets font d'une conféquence bien grande. Car les épargnes que le public fera fur cette denrée, feront employées à l'achapt de chofes qui font de moindre néceffité, & qui feront briller le commerce d'un nouvel éclat. Il feroit à fouhaiter pour tout le monde que notre projet pût être mis à exécution, & qu'on ne livrât pas, comme on fait, cette entreprife au caprice de quelques particuliers qui n'envifageant dans leur travail que leur intérêt particulier, font à tout le public un préjudice infini. Les maîtres ainfi que les domeftiques qui auroient avancé les premiers fonds pour l'établiffement de ces maifons par la taxe que j'ai propofée, en feroient bien in-

demnifés foit fur le pain ou fur le blanchiffage comme nous l'avons déja prouvé. Voyons maintenant les autres profits
que la maifon pourroit faire encore &
qui font des fuites de la boulangerie; je
veux dire fur le fon & les cendres.

✾✾✾✾✾✾✾✾✾✾✾✾✾✾✾✾✾✾✾✾✾✾✾✾

CHAPITRE X.

*Idée d'une fabrique d'amidon à établir dans
chacune des maifons d'affociation pour les
domeftiques.*

Il eft prefque d'ufage dans toutes les fabriques d'amidon, d'employer pour le
faire, du moins à Paris, le fon des fro-
mens, & d'en extraire l'amidon. Quoique ce ne foit pas le plus fin il ne laiffe
pas d'avoir fon mérite lorfque le fabriquant entend bien fon métier. Le luxe
des grandes villes, comme on fait, en
fait faire préfentement une confommation
immenfe. L'ufage en devient prefque uni-
verfel. Il fert à quantité d'apprêts pour le
linge & les toiles; de maniere que cette
marchandife fera toujours d'un fort grand
débit, fur-tout fi on en diminue le prix,
comme la chofe feroit très facile au moyen d'une économie bien fuivie dans la
manutention de cette fabrique, d'autant
plus que les ouvriers ne coûteroient prefque rien pour leur travail qui fe feroit

dans la maison. J'ai souvent remarqué dans les fabriques d'amidon qui sont aux environs de Paris, que l'on peut retirer environ quinze livres pesant d'amidon du son provenant de chaque septier de grain, & comme on vend cette denrée environ quatre sols dans la fabrique, ou pourroit suivant mon plan ne la vendre que 3 sols : cela feroit 45 sols que l'on tireroit du son de chaque septier de grain.

Mais si on aimoit mieux donner ce son à manger à des pourceaux, ou s'en servir pour engraisser des veaux, y joignant avec les eaux des cuisines, les navets & les herbages provenant du parc & qui sont de rebut, cela ne rapporteroit guere moins de profit pour la maison. Ainsi tout bien calculé on peut tirer un revenu très grand, de cette branche d'économie : car en supposant que l'on fabrique tous les jours dans les maisons d'association 1250000 livres de pain, cela fera au moins 4166½ septiers de bled, dont le son employé en amidon ou consommé par les pourceaux ou par les veaux, donnant 45 sols de profit par septier, feroit 9375 livres par jour, & par an 3 millions 421 mille 875 livres de profit net. Mais supposons que l'on achetât les farines toutes belutées & qu'on n'eût point de son, il n'est pas douteux que par l'effet du commerce & du bon marché que l'on auroit sur les farines, & les frais du transport qui seroient moins grands que quand on voiture les grains en nature, on trouveroit toujours le même bénéfice & peut-être au delà. Ainsi nous estimerons que le commerce ou le profit que l'on peut faire sur le son de chaque septier de grain, sera toujours de 45 sols de profit à l'avantage des entrepreneurs de cette maison.

CHAPITRE XI.

Récapitulation des quatre Articles précédens.

Joignons maintenant tous ces profits ensemble pour former le tableau de tous les revenus ou gain annuel que la maison feroit sur toutes ces branches de commerce

1°. Pour le blanchissage des linges　·　·　·　·　·　2800000
2°. Pour le produit de la fabrique de papier　·　·　·　1200000
3°. Le profit sur la boulangerie　5703125
4°. Pour la fabrique d'amidon, ou le profit du son, en nourritures　·　·　·　·　·　3421875

Total de ces quatre articles　38325000

CHAPITRE XII.

*Des autres Revenus provenant des terres &
des parcs des maisons d'association des domestiques.*

Comme nous aurions parmi les habitans
de ces maisons quantité de gens qui sont
élevés dans les champs & accoutumés à
faire des travaux pénibles dans les villes,
tels que sont les jardiniers des environs
de Paris, les gagne-deniers & autres manœuvres qui habitent les villes & qui auront leurs azyles dans ces maisons; que
d'ailleurs avant que de venir dans les villes pour y avoir de l'occupation, ils seront obligés d'aller demeurer dans ces
maisons pour attendre qu'il y ait des places vacantes pour eux, dans les villes, on
les occupera pendant ce tems à cultiver
les terres des enclos où l'on feroit venir
du jardinage potager, du fruit & toute
sorte de légumes à bien meilleur marché
& en plus grande quantité que dans les
jardins ordinaires, parce que les gros labours se faisant avec la charrue d'une
nouvelle invention que je détaillerai dans
la suite de cet ouvrage & qui avec des
bœufs laboureront la terre de douze à
quinze pouces de profondeur, il n'en
coûteroit pas tant à beaucoup près que de
labourer, comme on fait, à la bêche ou
même avec la charrue ordinaire.

De plus on feroit arrofer toutes ces terres par le moyen des eaux des réfervoirs qui auroient fervi à laver le linge à faire le papier & l'amidon. Toutes ces eaux imprégnées de matieres nutritives & favoneufes, ne pourroient qu'être très excellentes pour la végétation des plantes. Comme on les éleveroit de la riviere par le moyen de machines, on en auroit une grande abondance. Je donnerai dans la fuite une autre méthode pour avoir des eaux naturelles fans le fecours d'aucune machine, ce qui fera fort avantageux pour ces maifons.

. Ayant encore la comodité d'avoir des fumiers à foifon, de la ville & de toutes les voiries voifines, fans compter celui que les beftiaux de la maifon procureroient, tout cela joint enfemble contribueroit à donner à ces terres une production abondante en toute forte de légumes; même on y pourroit pratiquer des prairies à regain pour élever & nourrir des vaches à lait. Je connois dans les environs de Paris des terres qui fe nomment marais & que l'on loue communément 200 liv. l'arpent à des jardiniers: il eft certain que ceux qui les prennent à loyer doivent en retirer un profit quadruple pour pouvoir en payer ce loyer, y retirer leurs frais & y vivre. Ainfi je ne ferois point furpris qu'après que ces terreins de la maifon auroient été bien améliorés & qu'ils feroient bien arrofés dans le befoin, ils ne produififfent par arpent 800 livres de bénéfice tous les ans. La chofe eft facile à démontrer par l'expérience que l'on a des jardins à marché qui font dans les environs de Paris.

Suivant cette fuppofition & y ayant quatre mille arpens de terrein ou même 4800 pour les quatre maifons fans compter les logemens les cours & les chemins, cela feroit un revenu de 3840000 livres par an, outre la provifion qui feroit fournie à la maifon.

Cette grande abondance de légumes & de fruits ne pourroit que faire un bien infini à la ville qui feroit dans le voifinage de ces maifons, & particuliérement à Paris. Il eft vrai que cette grande quantité en feroit baiffer le prix, mais auffi cela augmenteroit en même tems la confommation. Ces légumes étant auffi d'un meilleur goût, on les préféreroit à ceux que l'on à aujourd'hui. Pour établir une regle qui fût à l'avantage du public & de la maifon d'affociation, il faudroit fournir des légumes à prefque toutes les fruitieres qui font en boutique, afin d'en faciliter le débit & une prompte confommation ; mais pour empêcher la fraude on taxeroit le prix de chaque chofe. Cette taxe feroit expofée fur un carton dans la boutique de chaque fruitiere, en leur donnant feulement un profit de quinze pour cent fur le produit de leur vente.

Les herbages ou les fruits ou racines, qui feroient de rebut ou qui refteroient non vendus, seroient rapportés chaque jour à la maison par les mêmes voitures qui auroient servi à les apporter, & on les feroit servir dans les cuisines de la maison ou consommer par les bestiaux & les pourceaux qu'on éleveroit. Par ce moyen il n'y auroit rien de perdu ni qui restât à la charge des fruitieres. Suivant cette regle le public auroit les légumes toujours frais & à très bon compte, & la maison en retireroit un très grand revenu.

Il faut se figurer que ce sont les revendeuses & les fruitieres qui pour vouloir beaucoup gagner, exercent une espece de monopole sur les herbes, fruits & légumes, & qui en les tenant toujours chers en empêchent la grande consommation.

Les jardiniers actuels des marchés ne voyant plus jour à faire de leurs denrées un commerce avantageux pour eux & n'ayant qu'un pas à faire pour rentrer dans les champs seront obligés de les aller cultiver, & rendront ainsi à la culture des grains & des vins une infinité de bras qui en étoient originairement des déserteurs: car quoique pour remplir notre sistême il faille une grande multitude de personnes pour cultiver les terres du parc & pour voiturer avec des charettes tous les matins les légumes, les fruits & les herbes dans les boutiques des fruitieres, ainsi que pour aller chercher les fumiers de côté & d'autre; cela n'occuperoit qu'une quantité d'ouvriers fort petite en comparaifon de ce qu'il s'en trouve d'occupés actuellement ; parce que tous les jardiniers du marché font dans l'ufage de faire porter toutes leurs denrées à la halle & dans les autres marchés avec des hottes & qu'il faut pour cela bien plus de perfonnes que quand on fait ce tranfport fur de grandes voitures. D'ailleurs pour cultiver & pour arrofer les plantes à la façon ordinaire & avec des arrofoirs, il faut par proportion une quantité d'ouvriers bien plus confidérable qu'il n'en faut lorfqu'on fe fert de la charrue pour faire les gros labours, & qu'on fait ruiffeler les eaux pour arrofer comme cela fe pratique dans quelques endroits du Languedoc, en Italie & dans le Rouffillon où on ne fe fert jamais d'arrofoirs.

Suivant notre méthode il ne faudra pas la vingtieme partie du nombre des gens qui font néceffaires actuellement & qui en effet font occupés à faire venir les légumes. Affurément c'eft une épargne pour le public & une économie bien fenfible, puis qu'alors toutes les denrées deviendront d'un prix plus modique, & qu'il y aura moins de perfonnes occupées pour fournir au fervice des villes.

J'ai trouvé, d'après une foule d'obfervations fuivies que j'ai faites fur ces matieres, j'ai trouvé, dis-je, que l'établiffement de ces maifons d'affociation pour les domeftiques dans Paris feul, pouvoit fuffire pour renvoyer dans les campagnes au

moins 72 mille personnes de tout âge &
de tout sexe qui trouvent actuellement de
l'occupation dans cette capitale, & qui par
notre méthode n'en trouvant plus se ver-
roient forcées de reprendre le parti d'aller cultiver les campagnes. Une pareille
recrue dans les campagnes qui sont presque désertes, ne contribuera pas peu à en
augmenter la fertilité, sur-tout si on se dé-
termine à mettre en pratique les moyens
que j'ai proposés ci-devant pour y recevoir les pauvres qui dans les commence-
mens pourroient bien n'y pas trouver
d'occupation.

Ce projet, comme le lecteur doit le sentir, présente un enchaînement de différents
moyens qui se succedent les uns aux autres & se prêtent des secours mutuels
pour parvenir à leur but commun qui est
le bien général de l'Etat.

Voilà la pierre de touche de tous les
projets utiles qui ont des vues importantes
pour le gouvernement, c'est d'avoir une
infinité de branches qui répondent toutes
au même tronc qui est l'avantage public,
au lieu que les projets qui n'ont que des
vues isolées & qui ne tiennent à rien pour
ainsi-dire, s'éloignent presque toujours
de leur objet essentiel; or il est très difficile d'en faire de cette nature qui soient
bons & véritablement utiles. Aussi voyons
nous que la plus part de ceux que l'on a-
dopte se trouvent après quelques années
d'établissement plus onéreux pour le pu-

blic qu'ils ne font profitables, & ce défaut ne vient que de ce que leurs auteurs ne les ont pas bien combinés avec tout l'enfemble des différentes parties qu'embraffe le gouvernement. Il y a comme on voit une certaine proportion harmonique avec laquelle notre plan fe trouve combiné, mais ce ne feroit pas encore affez pour le rendre parfaitement utile; il faut de plus, fi on veut mettre à exécution tous les moyens que je propofe, obferver exactement la difpofition dans laquelle ils ont été préfentés, afin de n'en établir aucun que dans l'ordre que nous avons obfervé parce qu'il fe fuppofent prefque tous les uns les autres: autrement l'on rifqueroit à chaque pas de trouver en fon chemin des obftacles & des embarras très difficiles à furmonter.

Mais revenons à notre objet de détail pour les maifons d'affociation en faveur des domeftiques, nous avons fait voir ci-devant qu'à Paris feul elles feront d'un raport très confidérable, nous en avons fait le calcul qui pour les quatre articles du blanchiffage, de la fabrique du papier de la boulangerie & des fabriques d'amidon ou de l'emploi du fon, montoient à 38 millions 325 mille livres. Joignons y l'article du produit des parcs qui va à 3 millions 840 mille livres; nous aurons en tout 42 millions 165 mille livres: fur laquelle fomme il conviendra déduire tou-

tes les dépenfes pour les nourritures, entretien, ameublement, régie, faux fraix,
uftenciles, achats des matieres, &c. pour
toutes les perfonnes qui feront reçues
dans ces maifons. Car à l'égard de la
taxe annuelle que les maîtres donneront
ainfi que celle qui fera payée par les domeftiques qui ne feront pas fils de domeftiques, il ne les faut pas compter. Après
l'efpace de fix années que je crois qu'il
faudra de tems pour rendre cet établiffement parfait, les fommes provenant de
ces taxes feront converties au profit du
Roi, comme droit appartenant au domaine
de la couronne; mais auffi Sa Majefté aura la bonté d'accorder & d'interpofer, s'il
le faut, fon autorité à ce qu'à l'avenir ces
maifous, les terres de leurs parcs & enclos,
ainfi que le commerce qu'elles feront,
comme nous l'avons dit, feront à toujours
franches & exemptes de tous droits &
impôts quelconques.

Au refte, comme ces quatre maifons feront conftruites hors de la ville de Paris,
cette demande doit être moins fufcepti-
bles de difficultés de la part des gens
d'affaires.

CHAPITRE XIII.

Quelle sera à peu près la dépense qu'occasion-
neront les habitans des maisons d'association
en faveur des domestiques.

Comme nous sommes entrés dans un
certain détail par rapport aux différens
genres de profit que ces maisons peuvent
faire tous les ans, il est juste que nous exa-
minions aussi du moins en gros les dépenses qu'elles seront obligées de faire afin
de donner à nos lecteurs un tableau au naturel, & en même tems une idée plus juste
de l'utilité que le public peut retirer à tous
égards de ces établissemens.

Nous avons supposé que les quatre maisons de Paris pourroient recevoir chacune
aux environs de 20 mille domestiques,
dont la moitié seroit composée de malades ou infirmes, & les autres en état de
travailler & de s'occuper à quelque chose
d'utile pour la maison. Comme ces sortes
de gens sont accoutumés chez les maîtres à une bonne nourriture, & que les malades ont par eux-mêmes besoin d'être
nourris plus délicatement, nous taxerons
la dépense totale des uns & des autres à
dix sols par jour pour chaque personne.

Ce taux paroîtra peut-être un peu trop
modique au premier coup d'œil, mais si
on y fait une attention plus sérieuse on
verra que cette dépense n'est pas si mé-

Tome II. F

diocre qu'on pourroit croire. S'il me falloit entrer ici dans un grand détail fur
cet article, je ne ferois pas embarraffé de
prouver qu'en les faifant vivre en commun on pourroit leur fournir à chacun
deux ordinaires par jour, qui feroient fort
bons & ne reviendroient pas à la maifon à
plus de huit fols, quoiqu'ils en valluffent
au moins vingt dans Paris: ce fait n'eft
pas difficile à comprendre puifque la maifon tireroit de la premiere main toutes
les denrées néceffaires & n'auroit aucuns
droits à payer. Comme on s'eft déja fuffifamment expliqué là-deffus, que d'ailleurs
beaucoup de chofes feront fournies par
la maifon même & de fon propre cru, &
que les légumes, racines & herbages ne
lui coûteront pour ainfi dire rien du tout,
les logemens étant une fois conftruits, les
ameublements & autres uftenciles une fois
achetés, les petits travaux particuliers des
enfans & des petites filles fur la couture
& autres femblables, feront plus que fuffifans pour fournir à tous les entretiens
particuliers de la maifon, fur-tout fi on y
joint encore les petits droits que les domeftiques en général payeront dans les
bureaux. Car après toutes les dépenfes &
fraix de régie de ces bureaux prélevés, il y
aura encore fur ces petits droits une affez
grande fomme à appliquer au foulagement
des dépenfes de la maifon.

Les chefs & autres conducteurs de ces
maifons fe prenant dans la claffe des an-

ciens domeſtiques qui auront une bonne conduite & une probité reconnue avec de la capacité, on leur donnera quelque léger profit pour les engager de prendre tous les ſoins poſſibles pour bien conduire les autres. Toutes ces dépenſes compriſes, je perſiſte à évaluer la nourriture & entretien de chacun des vingt mille domeſtiques qu'on recevra dans cette maiſon, à dix ſols par jour pour chacun, malade ou en ſanté; par conſéquent cet article montera à 10000 liv. par jour.

A l'égard des douze mille cochers, jardiniers, boulangers & gagne-deniers tant hommes que femmes, nous les eſtimerons du fort au foible à ſix ſols de dépenſe journaliere pour toute choſe; mais comme il leur faudra un petit entretien, & de légeres gratifications de tems en tems pour les conducteurs, on peut porter leur dépenſe à 10 ſols par jour, ou à 6000 liv. par jour pour le total de douze mille perſonnes.

Pour ce qui regarde les enfans qui ſeront élevés dans cette maiſon depuis leur arrivée de nourrice juſqu'à l'âge de dix huit ans, tant les filles que les garçons, comme leurs travaux ſeront moins fatiguans que ceux des hommes formés, on ne leur donnera point de vin. Ainſi en les prenant en général, nous eſtimerons leur nourriture & entretien tout compris à cinq ſols par jour: ce qui fera pour cet article, à raiſon de quarante mille, une dépenſe de dix mille livres tous les jours pour la maiſon.

De plus il y aura habituellement environ 20 mille enfans en nourrices dans la campagne pour chacun desquels la maiſon payera 6 liv. par mois ou 4 ſols par jour: ce qui forme encore une dépenſe de quatre mille liv. par jour.

Ces quatre articles de dépenſe joints enſemble feront 30000 liv. de fraix journaliers qui au bout de l'année monteront à 10 millions 950 mille liv.

Il faudra encore acheter tous les bois à brûler, la ſoude, le ſavon & les cendres pour les blanchiſſages & pour cuire le pain: ces différents objets pourront bien monter à 3 millions année commune. Cette eſtimation ſera peut-être un peu trop forte parce qu'on tirera tout de la premiere main & que les cendres des fours en donneront une grande quantité, & que toutes ces denrées priſes ſur les lieux ou fabriquées dans la maiſon reviendroient bien moins cher que ſi on les achetoit chez les marchands. N'importe, en ſuivant cette eſtimation, la dépenſe en total ſera de 13 millions 950 mille livres. Mettons même 14 millions, ſi l'on veut.

On m'objectera peut-être que cela feroit tort au commerce. A quoi je réponds que bien loin de lui porter aucun préjudice, cela ne peut produire qu'un grand avantage. Les particuliers qui gagneront tous ſur cette économie, ſoit par le blanchiffage foit par le bon marché du pain, fe trouveront en fituation de pouvoir repandre l'argent provenant de cette épargne fur d'autres objets de commerce importans; & tout retournera au profit & à l'avantage du trafic. Il eft ordinaire que ce que les hommes épargnent d'un côté retourne toujours dans le commerce de façon ou d'autre. Ainfi loin qu'il y ait de la perte pour l'Etat, on trouvera au contraire un avantage évident. Pour peu que l'on faffe réflexion au réfultat de cette économie, on verra que le public fera d'abord une épargne de 28 millions fur l'article feul du linge, & 5 millions 700 mille livres fur la confommation du pain pour la feule ville de Paris & fes environs; c'eft autant de richeffe qui reftera de plus au bout de chaque année aux habitans de cette capitale, qui au lieu de l'avoir dépenfée à ces chofes, répandront cet argent fur d'autres objets de commerce qui les flatteront d'avantage. Cette épargne retournera donc dans le commerce par la voie de la circulation.

Il y a plus: la dépenfe que la maifon fera en faveur des gens qui y habiteront, foit enfans ou autres, formera autant d'objets d'économie & d'épargne pour des gens qui feroient obligés de la faire, fi elle ne la faifoit pas, & qui les employeront à des chofes utiles ou même de luxe: le commerce en général en profitera toujours.

F 3

Les particuliers qui iront porter leur induftrie dans les campagnes, faute de trouver de quoi s'occuper dans les villes à caufe de ces nouveaux établiffemens, ne fortiront pas du Royaume : ils n'en dépenferont pas moins, & leurs nouveaux traveaux feront de nouveaux biens qui enrichiront l'Etat & le commerce.

L'avantage que les domeftiques trouveront dans cet établiffement par la facilité d'élever leur famille, fans qu'il leur en coûte rien, les portera à fe marier & à procurer à l'Etat une population nombreufe; de forte qu'en fort peu de tems cette claffe du peuple pourra fe recruter par elle-même fans être à charge aux autres. A cet égard la population nous procurera de nouveaux citoyens dans une claffe utile, parce qu'on les aura élevés de bonne heure conformément à leur condition & à celle de leurs parens.

Le public qui aura befoin de domeftiques les trouvera tout dreffés & d'un âge compétent pour le fervice. Ces maifons feront autant de pépinieres ou de magafins publics où chacun aura le droit d'aller fe fournir des domeftiques qui lui feront néceffaires.

Sans entrer dans de plus longs détails fur cette matiere, nos lecteurs appercevront aifément tous les avantages d'une pareille entreprife; mais comme nous n'avons pas eu deffein de nous y borner, & que nos vues font d'une étendue encore plus vafte, on nous permettra de les fuivre jufqu'au bout.

Nous trouvons donc par nos fuppofi-tions, que la dépenfe annuelle montera à 14 millions tout au plus, qu'il faudra dé-duire du revenu annuel de 43 millions 255 mille livres il reftera au moins 29 millions 255 mille livres: de profit net, toutes dépenfes déduites, que les quatre maifons d'affociation des domeftiques é-tablies aux portes de Paris fourniront tous les ans. Comme Paris n'eft guere eftimé faire plus du tiers de toutes les autres grandes villes du Royaume prifes enfemble, il eft naturel de fuppofer qu'un pareil établiffement étant formé près des villes les plus confidérables, fur-tout fi on y joint le plus de terre que l'on pour-ra, par exemple 1000 arpens pour chacun, le tout procurera au moins 88 millions de bénéfice & donnera de l'occupation à plus de 216 mille perfonnes nées pour le travail, & qui dans l'Etat actuel des cho-fes, ou font à ne rien faire, ou à charge à eux-mêmes ne font que confommer des vivres inutilement & affament les autres.

Cela verfera dans les arts méchaniques ou dans l'agriculture autant de fujets qui augmenteront nos richeffes. Ne nous bor-nons pas à ces feuls avantages : il en eft encore d'autres qui ne font pas moins effentiels qui font partie de notre deffein. Voyons maintenant quel ufage on pourra faire de ces 88 millions de revenus que rendront les maisons d'association formées en faveur des domestiques malades, vieux, ou en santé, & pour élever leur famille. La bonne politique veut qu'on les employe d'une maniere avantageuse au bien de l'Etat: c'est notre intention, comme on va le voir.

LIVRE SIXIEME.

De la Noblesse & de la Bourgeoisie vivant noblement.

✱✱✱✱✱✱✱✱✱✱✱✱✱✱✱✱✱✱✱✱✱✱✱✱

CHAPITRE I.

De l'état de la noblesse militaire & de celui de la Bourgeoisie militaire qu'on peut regarder comme vivant noblement.

Il y a dans le Royaume une quantité prodigieuse de familles, tant nobles que bourgeoises, qui vivent dans la plus grande indigence & qui manquent des facultés néceffaires & indifpenfables pour élever leurs enfans. Leur naiffance les met au-deffus de la condition vulgaire: elles n'ont pas affez de bien pour poffeder des charges, ou remplir des emplois honnêtes & en même tems utiles à l'Etat. Elles reftent dans leur campagne, ou menent dans les villes une vie oifive fans s'occuper à aucune profeffion. On peut dire même que fuivant leur façon de penfer, il n'y a pas d'autre profeffion qui leur convienne que celle des armes. Mais comme le luxe s'eft introduit dans tous les états, que les troupes n'en font pas exemptes, & que les emplois s'y vendent auffi bien que dans tous les autres métiers, ce qui eft tout-à-fait contraire au bien du fervice; les perfonnes qui par leurs fentimens & leur naiffance feroient les plus propres pour remplir les poftes dans les armées, lorfqu'ils viennent à vacquer, ne peuvent pas les poffeder décemment, faute d'avoir un certain bien. Ainfi ces gens s'en écartent & demeurent à tous égards des gens inutiles à la fociété, & à eux-mêmes.

C'eft pourtant la claffe des fujets de l'Etat née & faite directement pour le métier des armes: elle y feroit très utile pour le foutien de l'Etat, la gloire de la nation, & pour la puiffance du monarque. J'eftime même qu'en raifonnant d'après l'utilité feule, ceux qui portent les armes pour la défenfe de la patrie font, après les ouvriers des campagnes qui cultivent nos terres & ceux qui par leur travail méchanique font fleurir le commerce dans nos villes, la claffe des fujets les plus utiles. Ils font deftinés à écarter de nous tout ce qui tend à nous allarmer & à inquiéter l'Etat, ils méritent de tenir dans la fociété un rang convenable à cette deftination. Le gouvernement qui leur eft redevable de fa force & de fa puiffance, ne peut fe refufer de les protéger, ni négliger aucuns des moyens pour les encourager à conferver toujours cet efprit, ce goût militaire qu'on doit toujours regarder comme le plus noble de tous, & le plus glorieux à fuivre pour les citoyens d'une certaine trempe.

Ce n'eft pas affez de leur accorder de vains titres & des honneurs faftueux: il faût encore, s'il fe peut, y joindre des récompenfes pécuniaires & leur procurer un peu d'aifance, fans laquelle toutes les marques de diftinction & d'honneur ne peuvent jamais produire de bons effets. Or c'eft précifément ce que je me fuis propofé dans l'emploi que je voudrois que l'on fît des 88 millions qui fuivant mes fuppofitions proviendront des nouveaux établiffements des maifons des domeftiques.

C'eft la nobleffe & une bonne partie de la bourgeoifie vivant noblement, qui auront contribué d'abord à fonder ces maifons par le payement des taxes que nous avons propofées : il eft jufte que tout le bénéfice qui en proviendra, déduction faite de toutes les dépenfes & entretiens qu'on acquittera fuivant les réglemens qu'on a vus précédemment, foit employé à élever les enfans mâles des pauvres gentilshommes, dont les peres auroient fervi dans les armées pendant l'efpace de 10 années au moins, & fe trouveroient avoir moins de deux mille livres de rente en bien-fonds. On joindroit encore à ce bienfait la claufe expreffe qu'ils ne feroient pas mefalliés en époufant des roturieres, afin de pourvoir en même temps à l'établiffement des filles de condition.

Il devroit auffi être porté par le même acte, que tout bourgeois qui auroit fervi le Roi en qualité de lieutenant, feulement pendant cinq ans, & qui auroit époufé la fille d'un gentilhomme ou d'un bourgeois militaire recevroit pour chaque enfant mâle qu'il auroit de fon mariage une pénfion, laquelle dureroit jufqu'à ce que ces enfans euffent atteint l'âge de 14 ans. Ces penfions feroient pour les enfans des gentilhommes de 300 livres par année, & de 200 livres pour les fils de bourgeois militaires.

On partageroit ces claffes de maniere qu'il y eût deux fois plus de bourgeois que de gentilhommes penfionnés; & comme on auroit 88 millions à leur diftribuer dans cette proportion, on pourroit deftiner 40 millions pour fervir aux penfions des enfans de bourgeois, & 30 autres pour les enfans de gentilhommes; les 18 millions reftant pour remplir les 88 millions feroient confacrés pour payer les fraix de régie & donner des appointemens aux gouverneurs & maîtres desdites maifons d'affociation.

Suivant cette repartition & la fixation des penfions à 300 livres, & à 200 livres les moindres, on auroit de quoi entretenir tous les ans & payer penfion à 100000 enfans mâles de la pauvre nobleffe & à 200000 mille enfans auffi mâles de la pauvre bourgeoifie, dont les peres auroient les uns & les autres moins de deux mille livres de revenu annuel. Cela formeroit une quantité de 300 mille fujets qu'on éleveroit pour remplir des places honorables dans les troupes ou dans la fociété.

Chaque gentilhomme qui feroit malaifé, ainfi que les bourgeois qui voudroient pouvoir fe mettre dans le cas de pouvoir afpirer à cette penfion pour leurs fils, feroient, fuivant la loi, engagés à prendre de bonne heure le parti du fervice & à fe marier enfuite avec des filles de leur condition, afin de pouvoir exiger pour leurs enfans mâles la penfion dont nous parlons.

Cette politique procureroit à l'Etat & à ces familles un bien infini: car comme ces perfonnes préféreroient dans leur jeuneffe le parti des armes à toute autre condition, ce feroit autant de fujets que cet arrangement conferveroit à la culture de nos terres & au fervice de nos manufactures, & que l'on en retire pour faire des recrues. Par conféquent le commerce en deviendroit plus brillant.

Il feroit à propos d'ordonner en outre que tous ceux qui voudroient obtenir la penfion pour leurs enfans, feroient tenus de donner des preuves de 10 années de fervice au moins, & pour les bourgeois de cinq années au moins de brevet d'officier, comprifes dans le nombre des 10 années. Car il ne fuffiroit pas de juftifier le tems de fervice dans les places fubalternes: le fervice n'auroit de valeur pour l'obtention de ces penfions que dans le cas où on feroit parvenu au grade d'officier, ce qui prouveroit nonfeulement leur fervice mais encore leur mérite & leur bonne conduite.

Par ce moyen qui, comme on voit, eft tout nouveau & ne feroit nullement à charge à l'Etat, on exciteroit dans la nobleffe & la bourgeoifie une émulation finguliere, pour entrer dans le fervice; & l'on peut être affuré qu'en peu de tems le Roi feroit en état de mettre fur pied des troupes prefque toutes compofées de jeunes gentilhommes dont le nombre monteroit à plus de 100 mille, & 200 mille bourgeois de bonne famille.

Les enfans des marchands en charge, ceux des gens de pratique & des chirurgiens pourroient auffi prétendre à ce rang; lorfque les peres en auroient acquis le droit par le tems prefcrit de fervice. Ceux des médecins, avocats, procureurs, profeffeurs &c. n'auroient pas moins ce droit que ceux qui appartiendroient à des officiers. Les uns & les autres formeroient un corps de troupe dans la vue de mériter des penfions pour leurs enfans. Il en feroit de même des gentilhommes: il leur faudroit, comme il a été dit plus haut, dix années de fervice; mais à caufe de leur nobleffe, on n'exigeroit pas que ce fût en qualité d'officiers; à cet égard leur naiffance & l'alliance qu'ils feroient leur tiendroit lieu de tout.

Comme le revenu des maifons d'affociation pour les domeftiques feroit en quelque maniere un bien qui leur appartiendroit, chaque cour de parlement nommeroit dans l'étendue de fon reffort, d'entre les nobles qui feroient dans le cas de prétendre à la penfion pour leurs enfans, deux gentilhommes, & parmi les bourgeois quatre membres choifis entre les plus capables & les plus intelligens, pour former à Paris un bureau général oü toutes les maifons d'affociation des domeftiques du Royaume auroient leur correspondance.

Ce bureau prendroit connoiffance de toutes les régies de ces maifons, de la discipline qu'on y obferveroit, & de tout le bien qui en pourroit réfulter. Il y auroit à la tête de ces agens des provinces deux confeilliers du parlement de Paris qui y affifteroient en vertu d'une commiffion, & qui rendroient compte à leur compagnie de tout ce qui y feroit délibéré, afin que le parlement fût toujours en état d'empécher que l'on ne portât aucune atteinte aux droits, réglemens & ftatuts qui auroient été arrêtés dès le principe. C'eft de ce bureau général qu'émaneroient les commiffions & brevets de fupérieur & chef.

Dans chaque claffe des domeftiques & autres gens habitans dans ces maifons, il y auroit dans chaque maifon particuliere un gouverneur pour faire obferver une bonne difcipline & une police exacte, & pour veiller au bon ordre & à la tranquillité de ces maisons ; un certain nombre de gardes pour contenir dans le devoir les factieux & les rebelles aux ordres des supérieurs.

Enfin ce bureau général entretiendroit correspondance avec tous les bureaux particuliers du Royaume, & les comptes se porteroient tous les mois à ce bureau. Ils seroient imprimés & rendus publics.

Dans toutes les villes parlementaires on établiroit des bureaux particuliers pour veiller dans tout le ressort du parlement, sur tous les enfans qui viendroient à mourir & dont la pension seroit éteinte, ainsi qu'à ceux qui atteindroient l'âge prescrit où la pension doit cesser. Enfin ils tiendroient régistre des enfans qui seroient dans le cas de pouvoir obtenir la pension, & ces déclarations seroient bien attestées en bonne forme par vingt des principaux voisins du pere ou de la mere qui demanderoient la pension pour leurs enfans. On enverroit aussi au bureau général établi à Paris des copies autentiques de ces certificats rangés par ordre de date, afin que les commissaires nommés par la province fissent distribuer les pensions à mesure que les fonds deviendroient suffisants pour cela.

Il faut considérer que tous ces agens ne seroient en fonction que pendant deux ans, si la province le jugeoit à propos, de même que ceux des bureaux des autres villes parlementaires ; & comme on im-

pri-

primeroit & répandroit dans le public une lifte générale des perfonnes revêtues de la penfion, avec leur nom, âge, demeure, &c., ainfi que le nom, la demeure & la date de ceux qui attendent la penfion, chacun feroit en état de juger par ces détails fi la juftice eft exactement obfervée : car fi on y commettoit quelque fraude, elle ne tarderoit pas à être découverte, & on en porteroit fur le champ plainte au parlement, dans le reffort duquel la fraude auroit été commife, afin de faire droit au plutôt fur cette plainte, & en conféquence punir les coupables. En tenant ainfi la main à l'obfervation exacte de la juftice, on n'auroit point de fupercherie à craindre. D'où viendroit-elle, lorfque chacun feroit en état de l'appercevoir & de la réprimer, de quelque côté qu'elle vint ?

Pour mettre ces idées dans tout leur jour, il faudroit fans doute un détail plus ample & plus circonftancié. J'efpere fatisfaire le lecteur à cet égard, lorfque je traiterai de l'art militaire. Cependant cette légere exquiffe doit lui fuffire, du moins quant à préfent, pour lui faire fentir de quelle importance l'exécution de cette idée feroit pour l'Etat en général. Un pareil établiffement donneroit une grande augmentation de population dans le royaume, engageroit tous les fujets à fe rendre utiles à la patrie, & ménageroit le bas peuple qui n'eft occupé qu'à travailler aux moyens d'affurer notre bien être: 70 millions d'argent répandus tous les ans dans les familles qui habitent les campagnes, aideroient puiffamment à procurer à ces mêmes campagnes une meilleure culture.

Un pere de famille qui recevroit tous les ans 300 ou 600 livres pour l'aider à élever un ou deux fils, feroit bien plus en état de faire travailler fon bien d'une maniere convenable, & même de l'améliorer. S'il a deux garçons, 600 livres de penfion lui faciliteront les moyens de les élever; quoique cette penfion ne fût donnée qu'en confidération des mâles, toute la famille en reffentiroit les bons effets. Par contre-coup, les terres de l'Etat étant améliorées & mieux cultivées deviendroient plus fertiles & répandroient de toutes parts des richeffes immenfes, & le commerce s'en reffentiroit bien-tôt. C'eft pour ainfi dire une femence qui germera & produira au centuple de toute maniere. Les 18 millions que je laiffe à l'écart & en réferve, feront employés à payer les honnoraires & apointements des agens, des gouverneurs, des éconnomes, & en un mot à défrayer de tous faux fraix les autres revenus qui feront diftribués aux penfionnaires.

Nous détaillerons par la fuite d'autres points de vue qui font de plus en plus intéreffans & qui méritent d'être développés. Paffons d'abord à l'examen de quelques établiffemens qui exiftent déja en France : voyons s'il ne feroit pas poffible d'en corriger les défectuofités & de faire à leur place d'autres chofes qui feroient plus à l'avantage de l'Etat. Auparavant encore de nous livrer à cette discuffion, qui demandera une combinaifon affez compliquée, préludons par quelques réglemens qui nous parroiffent d'une utilité prefque indifpenfable pour le bien général, d'autant plus qu'ils contribuent à lier par une chaîne harmonique, toutes les parties du gouvernement.

CHAPITRE II.

Digreffion fur l'âge compétent pour contracter des engagemens quels qu'ils foient.

Tous les Réglemens que nous avons propofés jufqu'à préfent, tendent, comme on a pu voir, à favorifer la population, l'agriculture, les arts & le commerce. Toutefois il me femble qu'il manqueroit une piece effentielle à cet ouvrage, fi je ne portois pas mes réflexions fur l'âge & le tems que chaque fujet doit attendre, avant que de fe fixer à un état qui le lie pour toujours.

A l'égard des apprentiffages & des études, comme ni l'un ni les autres ne lient la liberté des citoyens, on doit les laiffer

libres là-deſſus. Permis à eux s'ils ſe dé-
goûtent du métier qu'ils auront embraſſé,
de le quitter pour en prendre un autre;
mais ce ſeroit ouvrir la porte aux plus
grands abus, que d'accorder la même liberté pour l'exercice d'une charge, pour
l'émiſſion des vœux, pour embraſſer la
prêtriſe. L'intérêt du gouvernement demande que les ſujets qui voudront fixer
leur état d'une maniere imperturbable &
ſans eſpoir de recouvrer jamais leur liberté,
ayent atteint un âge compétent & mûr
pour réflechir ſérieuſement ſur cet état
qu'ils veulent embraſſer, & pour connoſ-
tre & ſentir toute l'étendue des obligations qu'ils ſe propoſent de contracter.

Tous nos légiſlateurs ont bien connu
le beſoin qu'on a preſque en toutes choſes
d'un âge déja mûr, ils ont fixé à vingt
cinq ans l'âge de majorité, au deſſous
duquel aucun ſujet ne peut diſpoſer de
ſes fonds, les vendre, ni aliéner, ni même
ſe marier ſans le conſentement de ſes
parents.

Pour nous qui nous propoſons un double but dans tous nos projets, ſavoir l'a-
vantage de l'Etat & celui des particuliers,
nous ne pouvons nous empêcher de dire
que la profeſſion ou une charge quelconque étant dans notre ſiſtême un bien de
patrimoine & qui en même temps intéreſſe
le ſervice public, il faut néceſſairement, que
quiconque ſe propoſe de les exercer, ait
atteint un certain âge, tant pour ſon

propre intérêt que pour le bien de la société à qui il se doit. A plus forte raison soutiendrons-nous que pour exercer l'ordre de prêtrise, ou prononcer des vœux dans quelque ordre monastique, qui lient à jamais notre liberté, il est essentiel de fixer un âge où chacun puisse avoir toute sa raison & faire les réflexions nécessaires en pareil cas. Quoi, la loi déclare un billet nul parce qu'il a été fait par un mineur, & un enfant de 16 ans pourra se lier pour toute sa vie? Il n'y a que le zele des premiers siecles du Christianisme qui ait pu faire donner les mains à un pareil abus & les conséquences ont du en être très dangereuses dans ces tems de ferveur.

La profession religieuse est une démarche trop sérieuse & trop intéressante pour la pouvoir faire si à la légere, le bonheur ou le malheur en dépendent: l'âge de vingt cinq ans n'est guere que le temps où l'on commence à se connoître soi-même, & l'état qu'on embrasse. En général il faut avoir acquis de l'expérience dans le monde pour juger sainement des choses. Le législateur en qualité de pere commun de ses peuples, ne doit pas laisser endormir sa vigilance sur un pareil sujet: il doit même à cet égard pencher plutôt à la sévérité que vers la douceur, afin de couper par la racine les abus qui se commettent tous les jours.

Que ne suit-on par rapport à tous les ordres religieux tant d'hommes que de femmes la regle établie chez les Jéfuites: on y peut entrer & prendre l'habit à tout âge, mais les vœux de profeſſion, les vœux obligatoires, ceux qui lient pour toujours, ne ſont pas reçus avant l'âge de 32 ans. Pour lors on eſt en état ou jamais de connoître ſa vocation; & ſi un ſujet a-près cela a du regret de s'être engagé, il ne peut s'en prendre qu'à lui-même.

Il faudroit donc pour remplir nos vues, que tous les marchés, actes & au-tres conventions de quelque nature qu'ils puiſſent être, fuſſent déclarés nuls dès que l'un des contractans n'auroit pas l'âge de 25 ans accomplis, & que nul ne pût poſſé-der de charge ni l'exercer, qu'il n'eût l'âge de majorité, ſi la charge étoit héréditaire & que ce fût une profeſſion méchanique: dans ce cas il faudroit la louer ou la faire exercer par quelqu'un qui eût l'âge & la capacité réquiſe, & qui en outre fût reçu & approuvé au bureau de la communauté.

Il faudroit pareillement que nul ne fût admis à prononcer des vœux, ou à prendre des engagemens à vie de quelque nature que ce fût, excepté le mariage, avant que d'avoir 25 ans accomplis & que qui-conque auroit contrevenu à ce réglement fût puni ſévérement, ſes vœux déclarés nuls, & lui libre de ſuivre toute autre vocation.

Toute perſonne enfin, ſoit fille ou gar-çon, qui ſera de la profeſſion payſanne, ar-tiſanne ou de quelque profeſſion mécha-

nique que ce puiſſe être & même de l'état
marchand, les ſix corps exceptés, ne
pourra entrer dans aucun des ordres
religieux pour y faire des vœux à
quelque âge que ſe ſoit, ſans qu'auparavant les parents ayent porté au tréſor
royal la ſomme de deux mille livres
qui y reſtera en dépôt pendant toute la
vie de celui ou celle qui aura fait ſes
vœux; & après ſa mort le dépôt ſera re-
mis aux parents, mais ſans intérêt.

CHAPITRE III.

De l'Hôtel Royal des Invalides.

Les établiſſemens divers qui ont été
faits depuis deux ſiecles, & ſur-tout les
deux derniers, annoncent que le gouvernement a réellement en vue de travailler au
ſoulagement des peuples & de les encourager au bien le plus qu'il eſt poſſible.
C'eſt dans cette intention que Louis XIV.
a fondé le magnifique hôtel des Invalides.
On apperçoit le même deſſein dans l'établiſſement de la Maiſon de Saint-Cyr, &
Louis XV. marchant ſur les traces de ſon
biſayeul a fait conſtruire l'Ecole militaire. Mais ne peut-on pas préſumer que
ceux qui ont donné ces projets dans le
tems ont eu leurs intérêts particuliers encore plus à cœur que celui de l'Etat?

C'est ce qui me paroît évident, & le paroîtra à quiconque considérera les dépenses immenses & peu nécessaires que l'on a faites pour la construction des bâtimens de ces nouvelles institutions. A quoi bon ces édifices superbes qu'à l'embellissement de la capitale & l'affectation extérieure d'une magnificence royale, pour enrichir les particuliers qui les ont fait bâtir, & enfin pour augmenter le faste de l'Etat aux dépens de la bonne économie. Des sommes aussi considérables que celles qui ont été englouties dans ces constructions, eussent été sans doute beaucoup plus utilement placées, si on les eût employées à donner à un plus grand nombre de sujets des récompenses ou des moyens de pouvoir servir efficacement la patrie.

Supposons que l'hôtel royal des Invalides ait coûté dans son tems 3 millions à bâtir, c'est bien le moins pour un pareil édifice où la magnificence & la richesse brillent de toute part, avec la plus grande profusion, & je pense qu'on pourroit estimer cette dépense bien plus haut sans encourir le reproche d'exagération. Trois millions placés à intérêt ordinaire produiroient par année 150 mille livres de revenu. Or si au lieu de faire cette dépense on eût donné à chaque soldat qui par de belles actions, par son service, ou par la perte de quelque membres, a mérité des récompenses telles qu'on les lui accorde ordinairement, c'est-à-dire, cent cin-

quante livres de penſion, il eſt certain
qu'on auroit pu récompenſer habituellement mille perſonnes de plus.

Si au lieu de cette eſpece de captivité
perpétuelle dans laquelle on retient ces
hommes, & qui ne produit aucun bien, on
les eût renvoyés chacun dans leur famille
avec 150 livres de penſion, quand même
on ne leur eut donné que 120 livres ou
même 100 livres, ils auroient ſurement
préféré ce parti à celui qu'on leur fait
dans l'hôtel: parti qui eſt bien plus onéreux pour l'Etat, ſans être auſſi agréable
aux ſoldats ou officiers invalides. Il n'y
en a pas un ſeul qui n'aimât mieux être
dans le ſein de ſa famille, à vivre comme
ſes parents en leur payant ſa penſion, ſelon qu'il en ſeroit payé lui-même; ces
hommes, de quelque condition qu'ils
ſoient, ne ſeroient pas reſtés inutiles comme ils le ſont actuellement.

Un homme quelque mutilé qu'on le
ſuppoſe, peut toujours être occupé à
quelque choſe, ne fût-ce qu'à garder la
maiſon & les enfans, tandis que les autres
vont travailler ou vaquer à leurs affaires.
C'eſt bien autre choſe quand ils ſont encore en état de travailler, comme plus
de la moitié des ſoldats invalides le ſont,
& de s'occuper eux-mêmes à quelques métiers ou à la culture des terres. Ces ouvrages, de quelque nature que ce ſoit, ſont
toujours un avantage pour l'Etat, au lieu
que l'oiſiveté tend à le ruiner.

G 5

Les petites penſions répandues dans les familles de ces gens - là n'auroient pas peu contribué à leur donner de l'aiſance pour améliorer leurs terres & élever leurs enfans. Ces enfans voyant continuelle-ment devant leurs yeux leurs oncles ou autres parents que l'Etat a ſi dignement récompenſés de leur ſervices ſur la fin de leurs jours, ſe ſentiroient excités à les imiter, & n'auroient pas pour la profeſſion des armes autant d'averſion qu'on leur en connoît. La plupart auroient pu encore ſe marier & donner des citoyens à l'Etat. Enfin il en réſulteroit une infinité de bons ſujets pour la ſociété qui ſont perdus & qui cependant coûtent immenſement: car quoiqu'il ſoit vrai qu'on retienne ſur la paye des troupes, ce qu'il en coûte pour l'entretien de l'hôtel des Invalídes, c'eſt toujours un argent qui appartient à l'Etat, & qui, s'il n'eſt pas employé à ſon avanta-ge, eſt en pure perte.

Peut-être me répondra-t-on que la plu-part de ces ſoldats invalides ſont eſtro-piés & infirmes au point d'avoir beſoin d'un ſecours continuel pour les ſoulager & que 150 livres de penſion ne ſuffiroient pas pour cela. Outre que le fait n'eſt pas exact & que réellement il n'y en a pas le quart qui ſoient dans le cas, ſi on faiſoit l'établiſſement des maiſons d'aſſociation que j'ai propoſées tant à Paris que dans les provinces, ſoit dans les villes ou dans les campagnes, les ſoldats qui ſeroient infirmes ou qui n'auroient pas une famille où ils puſſent ſe retirer, trouveroient dans ces aziles plus de ſecours & d'agrémens, qu'ils n'en ont dans l'hôtel & à moins de fraix.

Je ne conçois pas comment on peut a-dopter de nouveaux établiſſements ou du moins les exécuter dans la capitale ou dans les environs. Ils y ſont à charge à coup ſûr & ne font qu'augmenter la diffi-culté d'y faire aborder les denrées; au lieu que la plupart des ces maiſons deſti-nées à recevoir de toutes les provinces du royaume les ſujets qui ont droit de s'y venir préſenter, devroient être placées à la portée des pays où il n'y a ni conſom-mation ni commerce : il ſeroit plus aiſé d'y faire vivre les habitans que dans les environs de Paris. Les pays qui n'ont au-cun commerce y trouveroient du moins un débouché pour la conſommation de leurs denrées.

Voilà des réflexions qui ſans doute ont échapé à nos politiques, parce que vrai-ſemblablement leurs vues d'intérêt per-ſonnel les en ont détournés. Comme tout eſt ſuceptible de réforme ou de per-fectionnement, on pourroit, ſi on vou-loit, renvoyer les invalides chez eux a-vec une penſion telle que je l'ai dit, & à l'égard de ceux qui aimeroient mieux reſter à l'hôtel, parce qu'ils ſeroient infir-mes & eſtropiés, on leur donneroit dans le même hôtel une retraite pour leur pro-

curer du foulagement à leurs maux, jusqu'à ce que les provinces euffent fait
quelques nouveaux établiffemens des maifons d'affociation que je propofe. En attendant on renverroit dans les campagnes
& dans les villes, ceux qui peuvent encore
faire quelque chofe. Alors on logeroit
dans cette magnifique maifon les gardes
françoifes avec une partie de leurs officiers, afin que cette troupe y fût mieux
difciplinée qu'elle n'eft, & ne caufât plus
tant de desordres dans Paris. On procureroit en même tems de la tranquillité
dans la capitale & dans les provinces un
bien très confidérable par l'entremife de
ces invalides.

CHAPITRE IV.

De la Maifon de Saint-Cyr.

Il y auroit mille chofes à dire fur l'établiffement de la maifon de Saint-Cyr.
On y remarque les mêmes défauts qu'aux
invalides. Les dépenfes qu'on a faites d'a-
bord pour les bâtimens, les maftres & les
fupérieures qui régiffent cette maifon,
étant mieux employées, auroient pu fervir
à donner à un plus grand nombre de filles
les moyens de les élever fuivant leur état:
car il ne faut pas s'imaginer que l'éducation qu'elles reçoivent dans cette maifon

ſoit bonne. Ceux qui la regardent comme telle n'ont pas bien réfléchi ſans doute ſur ce que c'eſt qu'une bonne éducation. Elle ne conſiſte pas à élever quelqu'un qui eſt né ſans bien de même que ceux qui ſont avantagés des biens de la fortune. Au contraire c'eſt à mon avis une très mauvaiſe éducation que celle qui ſans nous donner aucuns moyens de gagner du bien, apprend à le dépenſer avant que de l'avoir acquis. Cette connoiſſance ne peut qu'éloigner les jeunes gens de la route qu'ils devroient tenir pour faire fortune. C'eſt le vrai moyen de les rendre vains, orgueilleux, pareſſeux & aimant les plaiſirs, parce que l'inſtruction qu'on leur a donnée a trop remué leurs paſſions & leur a donné des deſirs que leur fortune ne leur permet pas de pouvoir ſatisfaire. Pour avoir voulu trop étendre leurs connoiſſances, on n'a fait que répandre des jours ſur leurs miſeres & irriter leurs deſirs. Voilà à quoi ſervent ces belles éducations qui ne ſont pas proportionnées avec la fortune. Celle des Demoiſelles de Saint-Cyr eſt préciſément dans ce cas.

On auroit du plutôt donner 100 livres de rente viagere aux filles des gentilshommes à qui on veut faire quelque faveur, & les laiſſer ſous la conduite de leur famille juſqu'à ce qu'elles fuſſent établies. En recevant leur éducation de la main de ceux qui leur ont donné le jour, elles

la recevroient plus conforme à leur état.
Une Demoiselle qui est née sans bien &
qui n'a point à espérer de grands avantages du côté de la fortune, doit apprendre
d'abord tout ce qu'il est nécessaire de savoir pour conduire avec économie un
ménage indigent. Où pourroit-elle être
mieux pour l'apprendre que chez ses peres & meres, ou sous les yeux d'une tante
ou autre parente qui veilleroit sur sa conduite & lui enseigneroit ses devoirs.

Quelque dangereux que puisse paroître
l'usage du monde, il est indispensablement
nécessaire à ces jeunes personnes pour en
connoître de bonne heure les écueils afin
de se mieux tenir sur leurs gardes & de ne
s'y pas briser. Voilà ce que les jeunes
personnes qu'on éleve à Saint-Cyr ne
connoissent pas lorsqu'elles en sortent.
Aussi sont-elles toutes novices à un âge
où il n'est plus tems de pouvoir les former. C'est le plus grand malheur pour
ces jeunes personnes qui faute d'avoir été
instruites précisément de ce qu'il leur
étoit le plus important de savoir & pour
avoir pris au contraire des principes &
s'être nourries de maximes qui leur rendent leur état insupportable, réussissent
rarement dans le monde. Il faut leur supposer une vertu à toute épreuve pour
qu'elles puissent résister à toutes les tenta-
tions que leurs inspirent des desirs irrités
par une éducation fausse & déplacée. Je
m'en rapporte aux personnes judicieuses

qui favent comme moi le peu de fuccès que cet établiffement a produit dans l'Etat.

Cependant on auroit pu faire un grand bien, fi, comme je l'ai déja dit, on eût donné 100 livres de rente viagere aux fil-les des pauvres gentilshommes qui n'ont pas de quoi les nourrir. Tant que ces filles auroient été petites, cet argent auroit été employé à améliorer un bien, ou à foute-nir un garçon dans fes études, ou dans le fervice jufqu'à ce que fon pofte eût pu l'entretenir entiérement. Voilà des mo-yens qui auroient opéré efficacement le foulagement des pauvres familles, & au-roient contribué au bien de l'Etat; au lieu que la dépenfe que l'on fait pour ces Demoifelles fans tourner au profit de leur famille, leur fait à elles un tort réel, en les accoutumant à un genre de vie, qu'elles ne feront pas en état de fou-tenir dans la fuite. Cette dépenfe fert tout au plus à faire briller ceux qui poffe-dent des poftes ou des directions dans cette maifon. Eft-ce-là le motif qui a dicté une femblable inftitution? Non fans doute.

Je ne puis donc m'empêcher de faire obferver à mes lecteurs que cette maifon ne peut avoir aucune utilité réelle, que quand on fuivra ce que j'ai propofé à cet égard. Des filles qui auront été élevées dans la fimplicité où vivent les pauvres gentilhommes dans les campagnes, & qui auront été accoutumées de bonne heure à l'économie, au travail, & à conduire un ménage, par l'exemple que leur aura donné une mere vertueuse & laborieuse, feront bien plus estimées de ceux qui font dans le cas de les rechercher en mariage, que fi elles ne favent que broder, chanter, danfer, parler purement françois, & toutes les hiftoires & les fables qu'on leur fait apprendre de mémoire comme autant de perroquets, fans avoir aucunes connoiffances effentielles pour faire un ménage, aucune idée de cuifine, ni de la maniere dont on conduit des domeftiques, & comment vivent les perfonnes qui n'ont qu'une fortune médiocre.

CHAPITRE V.

De l'Ecole militaire.

Le nouvel établiffement qu'on vient de faire, ou pour mieux dire qui s'acheve, pour inftruire les jeunes enfans de la nobleffe & pour les enfans des officiers, n'eft pas fondé fur un meilleur principe que ceux dont je viens de parler. Les dépenfes immenfes que l'on a déja faites pour le peu de logemens qui font conftruits, nous annoncent ce qu'il en coûteroit pour finir ce vafte édifice. Le feul puits qu'on auroit pu faire d'une façon

plus

plus avantageufe en élevant les eaux de la riviere, a coûté à ce qu'on prétend plus d'un million, & les autres bâtimens à proportion. On affure qu'avant que cette maifon foit achevée, elle coûtera huit millions, c'eft-à-dire le fond de 400 mille livres de rente. Cet dépenfe jointe à celle que caufent tous les adminiftrateurs, infpecteurs, maîtres & autres, que je regarde comme fort inutiles, feroit tous les ans un argent confidérable, qui s'il eut été bien économifé auroit pu fervir à foulager bien de pauvres familles à qui on a eu deffein de donner du fecours.

On ne peut pas disconvenir que le motif de l'établiffement ne foit grand & bien digne du fouverain puiffant qui le fait exécuter; mais il me femble que les voyes qu'on a prifes pour remplir le but propofé, en détruifent prefque le fruit. Plus de 500 milles livres dépenfées inutilement tous les ans, foit dans l'intérêt qu'auroient produits les capitaux qu'on a employés ou qu'on employera à bâtir, foit dans les penfions ou appointemens de toutes les perfonnes attachées à ce fervice, & à la direction de cette maifon, les chevaux & tout le refte que je n'eftime certainement pas trop haut en les mettant à 100 mille livres, tout cela dis je, auroit fuffi pour donner à 1700 jeunes gens de plus qu'on ne doit y en recevoir, une penfion de 300 livres pour chacun: ce qui eſt une récompenſe fort raiſonnable quand elle eſt faite à des familles indigentes, qui ne ſont pas en état d'élever décemment leurs enfans.

Suivant le projet, l'établiſſement ne doit être que pour 500 perſonnes. Quelle différence pour l'État, ſi d'abord on eût imaginé de donner 300 livres de penſion aux peres & meres dont on vouloit ſecourir les enfans, juſqu'à ce qu'ils fuſſent en état de ſervir le Roi, & de continuer enſuite 200 livres de penſion à chacun des jeunes gens qui prendroient le parti des armes juſqu'à ce qu'ils euſſent le brevet de capitaine! De cette maniere les peres & meres auroient eu de quoi élever ſous leurs yeux avec cette penſion de 300 liv. un plus grand nombre d'enfans. Ce bien ſe feroit répandu ſur toute la famille & lui auroit fait beaucoup de bien, juſqu'au tems où l'enfant auroit été en état de porter les armes.

Suppoſé que le pere de famille eût eu quelques biens de campagne, comme en a preſque toute la nobleſſe, il auroit eu au moyen de cette penſion de 300 livres, de quoi l'améliorer & en retirer un revenu plus fort pendant que ſon fils auroit été encore jeune: ce qui auroit augmenté par la ſuite ſes facultés, & lui auroit facilité les moyens d'éduquer plus aiſément ſes autres enfans. Il paroît qu'on n'a point ſongé du tout à ce point de vue qui pourtant eſt le ſeul qui eût été capable de produire

l'effet qu'on s'étoit proposé de cet établissement, au lieu que par la route qu'on
suit actuellement, on n'élevera tout au
plus que le quart des enfans qu'on auroit
pu élever; encore ne le feront-ils pas
d'une maniere convenable au projet qu'on
avoit imaginé, qui étoit de former des sujets propres à la guerre.

On n'auroit pas pu mieux réussir si on
eût voulu en faire une école des belles
manieres, propre à former des hommes
galants, des gens de cour, des hommes
efféminés, en un mot des gens à la mode.
Voilà à peu près les seuls fruits qu'on re-
cueillera d'un projet si admirable. Ces
jeunes gens n'auront ni le tempérament ni
les qualités requises à des gens de guerre.
Il respire une sorte de molesse dans leur
façon de vivre, même dans leurs exercices, jointe à une contrainte perpétuelle
qui énerve le tempérament & n'a rien de
cette contenance fiere & hardie du
guerrier.

Il en est à peu près de l'éducation des
hommes comme de celle de tous les animaux; on sait par expérience que ceux
qui jouïssent de toute leur liberté sont
plus agiles, plus robustes & d'une santé
bien plus ferme que ceux qui ont été toujours retenus par des précepteurs & des
maîtres. Que l'on fasse le parallele d'un
bon paysan à nos hommes de ville; quelle
différence entr'eux pour la force & l'air de
santé! Le paysan ne connoît point ces mes

fucculens dont nous nous repaiffons, ou plutôt qui nous énervent. C'eft le bon air & un exercice volontaire qui mettent particuliérement cette différence entre le campagnard & l'habitant des villes. Les fauvages qui n'obfervent aucune difcipline, ni d'autres loix que celles de la nature, font des gens dont nous n'approchons pas pour la force & la vigueur.

Cependant il faudroit à la guerre des gens qui puffent joindre à un efprit folide beaucoup de force, de courage, & de réfolution, afin de furmonter les fatigues, réfifter aux intempéries de l'air, vaincre la difficulté épouvantable des chemins, triompher en un mot de tous les obftacles que l'on rencontre fouvent lorfque l'on eft chargé de quelque expédition difficile.

On a toujours remarqué que les pays où il y a le moins de commerce & où les habitans vivent avec le moins d'aifance font précifément ceux qui produifent le plus de fujets propres à porter les armes; & au contraire qu'il eft fort rare que les hommes qui ont été élevés dans les grandes villes forment de bons foldats ni de bons officiers. Ils font trop délicats, ils aiment trop leurs aifes; & il leur faut pour remplir leurs befoins beaucoup plus de chofes qu'il n'en faut à d'autres qui dès leur enfance ont été habitués à mener une vie dure, à fupporter la pluye, la neige, le froid, le chaud, & toutes les rigueurs des faifons. C'eft à mon avis un des grands points, ou plutôt le point effentiel pour faire des hommes de guerre excellens : ce que ne peut affurément pas l'éducation molle que l'on donne à cette jeuneffe aux portes d'une ville où tout ne refpire que le luxe, le fafte & la molleffe. Quand même ils ne fortiroient jamais de l'enceinte de leur maifon, il leur fuffit de voir leur maître de danfe, de mufique & les autres pour leur donner des idées les moins guerrieres & un goût le plus décidé pour les modes, les ufages & les bagatelles de la ville.

A la vérité ils apprendront à parler correctement, à marcher, & à danfer, à chanter, à faire des armes avec grace. Ils fauront quelques termes de leur profeffion, entendront quelque chofes des langues étrangeres ; mais auront-ils les membres bien conftitués, un eftomac à l'epreuve de toute forte de mauvais alimens, & cette fierté noble qui ne s'acquiert que dans les bois, & à la pourfuite des bêtes fauves. Le defir qu'on a de les réduire aux abois fait furmonter mille obftacles & braver tous les dangers. Ce feul exercice, la véritable image de la guerre, eft plus propre à former un guerrier, que toutes les autres qu'on peut imaginer ; & c'eft celui que les jeunes gens ne connoîtront jamais qu'imparfaitement faute d'y être accoutumés dès leur enfance.

Que l'on confidere dans un combat un

gentilhomme élevé dans un village à cent
lieues de Paris auprès d'un jeune homme
fortant fraichement de fes exercices, & qui
ne connoît que les pédants. Quelle différence immenfe entre l'un & l'autre? Il
faut peu de tems pour inftruire le premier
de fes devoirs, à l'égard de l'exécution
rien ne l'arrête. Il fait ce que c'eft que
de marcher dans la boue, traverfer les
champs & les bois, quelque tems qu'il
faffe, foit qu'il pleuve, qu'il gele, ou que
le foleil foit ardent: habitué qu'il eft de
commander à des domeftiques & à s'en
faire aimer, il n'eft point embarraffé d'a-
voir à commander à des foldats, & fait
les moyens d'attirer leur eftime ; cette
conduite lui eft familiaire & ne demande
de fa part aucun effort. Comme la campagne a toujours été le lieu de fon féjour,
il en connoît toutes les pratiques, par
conféquent il ne lui eft pas fi difficile de
favoir prendre fes avantages, ou d'éviter
les pieges que l'ennemi lui tend. Au contraire un jeune homme qui a paffé fa vie
dans l'Ecole militaire, ne fait rien que par
théorie; aucune de fes connoiffances n'é-
tant confirmée par la pratique, il eft naturel qu'il ait befoin d'un tems infini pour
s'y faire. Pour peu qu'il foit né timide,
& ne le fût-il pas, il doit le devenir prefque néceffairement, vu la contrainte dans
laquelle on l'éleve, il fe trouvera fort
novice & embarraffé dans les cas où il
faudroit prendre fon parti fur le champ;

ou s'il le fait au hazard, il fera expofé à faire des fottifes. Voilà, je penfe, ce à quoi un doit s'attendre ; voilà quels font les premiers fruits que produit l'éducation que la jeuneffe recevra dans l'Ecole militaire. Je ne fuis pas le feul qui en examinant la maniere dont on procede dans cette Ecole, en ait porté ce jugement.

Joignons à cet inconvénient le danger du libertinage qui eft ordinairement plus fréquent chez des écoliers qui vivent en troupe nombreufe, qu'il ne l'eft pour des enfans qu'on éleve à la campagne dans la maifon & fous les yeux de leurs parens. L'exemple de deux au trois camarades vicieux eft une contagion qui eft capable de corrompre toute la troupe. On peut en juger par l'exemple des cadets dont on avoit formé des compagnies il y a plus de 30 ans ; on a été obligé de les réformer par les raifons que je viens d'infinuer.

D'ailleurs de jeunes gens novices & peu inftruits des façons & des ufages qui fe pratiquent dans chaque corps particulier, étant remplis d'une préfomption naturelle, fondée fur l'éducation brillante qu'ils auront reçue & fur une efpece de protection particuliere qui les flatte, ne manqueront pas de commettre bien des fautes, & feront peu propres à fe concilier l'eftime des anciens officiers ; au lieu que des jeunes gens qui fortent encore tout bruts de leurs provinces, ayant à

coup sûr moins de préfomption feront
plus difpofés & auront plus de bonne volonté à exécuter les ordres qui leur feront
donnés que de jeunes étourdis qui s'i-
magineront y trouver des défauts. Ce
que je rapporte ici eft fondé fur ma
propre expérience. J'ai fervi & je m'atta-
chois à étudier les différents caractères,
& à juger du mérite des différents fujets
qui arrivoient dans le même régiment.
J'ai toujours remarqué que ceux qui é-
toient pétris de vanité & de préfomption,
hauts & aimant le fafte, ne faifoient rien
qui fût avantageux pour le fervice, &
s'attiroient prefque tout le mépris de leurs
camarades, & celui du foldat. Une noble
fimplicité eft toujours plus eftimée & mérite d'être préférée à un peu plus d'éclat:
celui qui la poffede eft toujours plus do-
cile, plus propre à fe façonner aux ufages, & à prendre ce qu'on appelle l'efprit du corps.

Ajoutons encore à ces obfervations que
l'Ecole militaire prenant les fujets à un
âge où il n'eft pas poffible de connoître
leurs difpofitions naturelles, il s'en trouvera peut-être beaucoup qui n'auront aucun talent pour la guerre. Dans ce cas
ce fera une éducation en pure perte, puisqu'elle ne peut jamais convenir qu'à cet
état, mais point du tout à celui de l'égli-
fe, ni de la robe, & bien peu à la vie
privée. Il n'en feroit pas de même fi on
donnoit aux peres cette penfion de 300

livres pour élever leurs enfans. Quand
ces enfans feroient en état de choifir un
parti, on confulteroit leur vocation, & a-
lors fi c'étoit leur inclination, ils prendroient celui des troupes. Les régimens
en feroient mieux compofés, que quand
des gens font ce métier contre leur gré:
c'eft ce que l'on connoît bientôt dans la
pratique, & ce que l'on n'eft pas en fituation de voir aifément auparavant.

Tout lecteur judicieux eft autant à portée que moi de faire ces réflexions. Peut-
être feront-elles un bon effet fur l'efprit
de ceux qui les ont négligé jufqu'à préfent; cela feroit à fouhaiter pour le bien
de l'Etat en particulier & pour celui de
tout le public.

LIVRE SEPTIEME.

Des Enfans trouvés.

✱❀✱❀✱❀✱❀✱❀✱❀✱❀✱❀✱❀✱❀✱❀✱❀✱❀✱❀✱

CHAPITRE I.

Idée générale d'un bon gouvernement par rapport aux peuples.

Tout gouvernement fage doit avoir à cœur que tous les fujets d'un Etat puiſſent s'adonner à quelque occupation qui les rende utiles à la fociété, & que cet emploi foit conforme à la condition dans laquelle ils font nés, afin de les détourner de l'oifiveté, vice qui n'eſt que trop naturel à l'homme & qui eſt la fource de la mifere & de toutes fortes de desordres.

Ce point de vue porte fur bien des objets à la fois, & fur-tout la culture des terres qui eſt le principe de toutes les autres entrepriſes. Il faut pour cela que le miniſtere y ait une attention toute particuliere, & qu'il tienne la main à ce que le bas peuple ne fe relâche jamais, & fur-tout à ne point lui rendre desagréable & rebutante une profeſſion qui fert de foutien aux autres, mais au contraire l'y attirer de plus en plus. Pour cet effet on doit imaginer de tems en tems de nouveaux moyens pour l'y engager, de façon qu'il foit forcé en quelque forte par fon propre intérêt de s'y attacher avec plus d'ardeur.

Ainfi le gouvernement doit toujours fe faire informer en quel état eft l'agriculture, fi toutes les terres font occupées ou non; & fi on en tire le parti auquel elles font propres. On ne doit rien négliger de tout ce qui peut contribuer à faciliter cette grande entreprife. Alors il eft indifpenfable de faire des réglemens de police qui tendent à encourager le travail de la terre.

En diminuant un peu les impôts fur la partie qu'on veut mettre en vigueur, fauf à les rejetter, s'il le faut, fur d'autres moins intéreflantes, on parvient à faire pencher la balance vers le côté, ou on veut attirer les peuples.

Quelques dépenfes légeres faites à propos pour furmonter les obftacles & applanir les difficultés qu'on rencontre en fon chemin, achevent l'ouvrage.

Une difcipline exaête à punir le vice fcandaleux, & fur-tout l'oifiveté qui dans l'ordre politique eft un des plus grands, ramene les peuples à leur devoir. Quand on a pourvu à tout ces points on s'apperçoit que toutes les profeffions reprennent vigueur, & qu'une nombreufe population en eft la fuite & le réfultat.

Sitôt qu'on fournira au peuple les moyens de s'occuper utilement, les arts & le commerce fleuriront; l'Etat s'enrichira

& fa puiſſance augmentera dans la même proportion. Si on néglige de veiller ſur la conduite du peuple, qu'on l'abandonne à ſon propre caprice, & qu'on lui laiſſe la liberté de ſuivre ſon inclination dans le choix d'un état, tout l'ordre politique ſera perverti. Chacun cherchera à fuir le travail & la ſubordination pour laquelle il eſt né & donnera dans des travers & des deſordres affreux, dont les triſtes effets, ſeront le libertinage, la miſere, le vol & le brigandage. Quelques ſéveres que puiſſent être les loix, elles ne ſeront plus capables de détruire des vices enracinés & devenus trop généraux, pour n'avoir pas été réprimés dans leur origine. La cauſe ſubſiſtant toujours, le deſordre continuera à reſter le même; en vain la rigueur des loix fera-t-elle périr quantité de miſérables, ou en privera d'autres de la liberté; tout cela ne fera qu'accroître une partie du mal qui eſt la dépopulation, ſans détruire la cauſe principale.

Les hommes veulent être conduits de bonne heure & comme par la main à tout ce qui eſt du reſſort de leur condition, afin qu'ils puiſſent s'en occuper autant par habitude que par inclination. C'eſt de la maniere dont ils ont été élevés d'abord que dépend plus ou moins le goût qu'ils prennent à la profeſſion dans laquelle la fortune les a fait naître. Si l'on apperçoit qu'il leur ſoit impoſſible de ſe ſoutenir par eux-mêmes il faut prévenir leur dérangement en leur offrant des lieux d'azile, tels que nous en avons indiqués ci-devant où ils pourront s'occuper & éviter les horreurs de la misere, qui sans cela les plongeroit infailliblement dans le desordre. Mais si on n'a point songé d'abord à former ces lieux d'azile qu'en fera-t-on? On les abandonnera donc à leur mauvaise destinée, & on les laissera tomber dans le précipice au bord duquel ils sont.

Il est aisé de remarquer tous ces défauts dans la situation présente des choses : aussi ne rencontre-t-on à chaque pas qu'une foule de malheureux prêts à périr faute d'occupation, & qui sont à charge à la société civile & à eux-mêmes. Leur misere extrême les expose à tout faire pour tâcher d'en sortir. Delà vient que peu à peu de bons sujets qu'ils étoient auparavant, ils se jettent dans le brigandage. La vraie cause de ce mal vient de ce qu'on n'a point encore imaginé de moyens pour pouvoir leur donner à tous de l'occupation convenable afin de remédier à leurs besoins.

Cependant nous avons quantité de terres qui ne demandent que des bras pour ouvrir leur sein, & qui sont prêtes à produire de tout abondamment; mais ces malheureux qui meurent de faim ne sont pas capables par eux-mêmes de faire ces efforts. Il faudroit quelques avances pour

les foutenir en attendant qu'ils puffent re-
cueillir les fruits de leurs travaux. Il n'y
a que le miniftere qui puiffe faire de pareilles entreprifes. J'en ai indiqué les moyens. La conquête d'un royaume auffi
grand que la France réuni avec elle, ne
vaudroit pas à beaucoup près les reffources
que je donne pour occuper d'une maniere
utile un million de perfonnes qu'on voit
préfentement mendier dans toutes les villes & les campagnes. On en peut juger
par l'efquiffe que j'ai préfentée ci-devant
des maifons d'affociation qu'on devroit é-
tablir à la campagne pour les pauvres, &
dans les villes pour toutes les profeffions
d'artifants, & cela par toute l'étendue du
royaume.

Il eft encore une autre efpece de pauvres dont nous n'avons point encore parlé, ce font les enfans trouvés, foit de
Paris ou des provinces. L'Etat pourroit
en retirer un avantage infini en leur
procurant une condition convenable à
leur fituation: c'eft ce que nous allons tâcher d'expofer fous les yeux de nos
lecteurs.

CHAPITRE II.

De l'Etablissement qui subsiste actuellement en faveur des Enfans trouvés.

L'établissement des enfans trouvés à Paris est un des plus utiles qu'il y ait actuellement en France, & on ne peut donner à cette idée de trop grands éloges. Combien n'a-t-on pas détourné par-là de crimes qui se commettoient tous les jours envers ces malheureuses mais innocentes victimes de l'amour ou de la débauche!

Les vues de cette fondation sont grandes & vastes, il est vrai; mais par malheur elles ne sont pas bien remplies dans l'exécution. La mauvaise application des moyens à l'objet, & la façon défectueuse dont on éleve ces petites créatures jusqu'à l'âge où elles puissent être de quelque utilité à l'Etat, sont causes du peu de profit que le Royaume tire de cet établissement si louable.

Dès qu'on a reçu les enfans à l'hôpital des Enfans trouvés après les avoir fait baptiser & enrégistrer, on les remet entre les mains d'une nourrice mercénaire qui les alaitte & les emporte avec elle. Considérons d'abord ce premier état que subit un enfant trouvé, pour le comparer ensuite avec celui d'un autre enfant qui n'auroit point été séparé de sa propre mere. Les premiers soins qu'il faut avoir des enfans qu'on éleve au berceau sont si gênans & si rebutans qu'il n'y a que la tendresse maternelle, ou un intérêt très puissant, qui puissent engager, comme il faut, à remplir ce devoir. Peut-on penser raisonnablement qu'une nourrice qui n'est guidée que par un modique intérêt, s'assujetisse à toutes les attentions qu'il faudroit avoir pour un enfant de cet âge? Cela n'est guere possible, parce qu'il n'est pas dans le caractere d'une personne indifférente à la chose d'y apporter tant de soins. Aussi combien ne voit-on point de ces pauvres enfans périr au berceau? Il n'y a que ceux d'une constitution très robuste qui y résistent.

On m'objettera sans doute que les enfans des meilleurs bourgeois & même ceux des plus grands seigneurs ne sont pas élevés autrement que par des nourrices à gage; & qu'ainsi il est assez naturel que les enfans trouvés soient traités dans le même goût. Je réponds que quoiqu'il y ait bien de la différence entre le service que les nourrices des enfans bourgeois rendent à ces nourrissons, & celui qu'elles leur feroient, si ces enfans leur appartenoient, il est certain que la certitude d'un payement plus fort, d'une récompense à venir, des présens habituels que les parens leur font, & l'inspection des personnes appostées pour veiller sur leur conduite, les obligent à de plus grandes attentions sur

leurs

leurs devoirs, qu'elles n'en ont quand il n'y a qu'un salaire modique, & personne qui s'intéresse au nourrisson, comme il arrive dans le cas des enfans trouvés. Voilà donc une différence bien grande entre la maniere dont on fait nourrir les enfans trouvés, & celle qu'on observe à l'égard des enfans de bourgeois. S'il périt encore beaucoup de ces derniers, malgré toutes les précautions que les peres & meres prennent vis-à-vis des nourrices, à bien plus forte raison doit-il périr de ceux-ci qui sont confiés à leurs soins.

Ce n'est pas encore tout. Lorsque l'enfant a résisté à tous les dangers où la foiblesse de son âge a pu l'exposer, & qu'on le tire des mains de la nourrice pour le mettre entre celles des gouvernantes qui sont chargées ensuite d'en prendre soin, ce changement lui fait éprouver le sort le plus desagréable. Déja fait aux façons de sa nourrice il avoit pris pour elle la tendresse que tous les enfans prennent pour tous les gens qui ont soin d'eux, & on l'en separe. Cette privation le rend triste & mélancolique à un âge où il a besoin d'être caressé & amusé. Ces gouvernantes qui sont obligées de partager leurs soins entre plusieurs enfans de l'hôpital dont on leur donne la direction, peuvent-elles du matin au soir n'être occupées qu'à les amuser ? Non sans doute. Aussi qu'on aille visiter ces enfans on verra dans quel état ils sont. Je ne prétends

pas parler ici des alimens ni de la propreté, il n'y a rien à defirer à cet égard,
mais feulement de tout ce qui peut influer
fur leur efprit & former leur caractere.
C'eft le point effentiel: car fi la plupart
de nos maladies font caufées par le cha-
grin & par une fombre mélancolie, où
on fe livre faute d'être diftrait par des
objets d'amufement & de récréation, la
même caufe doit agir bien plus maligne-
ment fur des enfans foibles d'efprit & de
corps.

Ces pauvres innocens trouvent-ils à
l'hôpital les mêmes careffes & les com-
plaifances qu'ils auroient éprouvées non
feulement de la part d'un pere & d'une
mere qui les chériffent, mais même d'une
nourrice qui par habitude s'attache à eux
& cherche toutes les occafions de les re-
jouir? Peuvent-ils avoir dans cette maifon la même liberté pour faire tous leurs
jeux, pour fe diffiper & prendre de l'exercice qui eft fi néceffaire pour former le
corps & le rendre robufte? Ils font abfolument privés de tout cela. Dès qu'ils
commencent à pouvoir parler, on leur
charge la mémoire de prieres & autres
chofes femblables qui leur caufent une
contrainte des plus grandes. Les petits
châtimens qu'on leur fait fubir de tems
en tems pour les contenir dans un repos
qui ne leur eft pas naturel à cet âge, é-
touffent le feu de leur vivacité, empêche
la circulation du fang & la fécrétion des

humeurs de se faire librement. Ces humeurs, faute de prendre un cours qui seroit favorable au corps, s'accumulent &
donnent lieu à quantité d'infirmités qui en
font la suite pour la plus grande partie.

Il ne faut pas s'imaginer que s'il meurt
tant d'enfans trouvés, cela vient précisément de la constitution des enfans ou de
la mauvaise conformation des organes
causée parce que ce sont des enfans de
la débauche, ou ceux d'un pauvre misérable : cela peut y contribuer peut-être
dans certaines circonstances; mais on se
tromperoit lourdement si on alloit adopter cette idée, jusqu'au point de l'en faire
responsable de tous les accidens qui arri-
vent aux enfans trouvés. Les médecins
savent par une expérience journaliere
qu'il n'y a point d'enfans mieux constitués
que ceux des pauvres gens dont le tempéramment est ordinairement plus robuste
que celui des personnes qui vivent dans
l'aisance, & que généralement parlant il en
est de même de tout les enfans qui sont
les fruits d'un amour illicite : la plus grande partie de leurs peres & meres sont des
jeunes gens bien constitués, vigoureux &
d'une bonne santé.

A l'égard des filles de débauche, leurs
enfans pourroient bien avoir contracté
quelque vice parce que les meres se livrent à tous les excès du libertinage, mais
ce ne sont pas elles qui sont beaucoup
d'enfans; au contraire elles en mettent au

monde fi rarement qu'on ne pourroit fans commettre la plus grande injuftice re- garder la plus part des enfans trouvés comme le fruit de leurs defordres.

Ainfi c'eft mal à propos qu'on nous ob- jecteroit que les infirmités qu'ils éprou- vent dans leur enfance viennent du vice de leur naiffance. C'eft bien plutôt de la maniere dont on les éleve, dont on les nourrit, & dont on leur donne les premie- res inftructions: méthode qui eft totale- ment oppofée à la fanté & à la formation d'un bon tempéramment.

On trouve d'après les états des baptêmes que le nombre des enfans trouvés reçus à l'hôpital monte année commune à 4000. Si jufqu'à l'âge de 15 ans il n'en périffoit que le tiers, comme on a remarqué qu'il en périt dans cette proportion parmi les enfans des perfonnes qui les font é'ever avec tous les foins poffibles, il devroit y en avoir à la fois toujours plus de 40000 dont les plus âgés auroient 15 an- nées. Or comme il ne s'y en trouve pas le quart de ce nombre, il faut juger que c'eft la maniere dont ils font élevés qui eft caufe qu'ils périffent & même ceux qui échappent à ce mauvais gouvernement par lequel ils ont paffé, font fi mal-fains, fi foibles, & fi mal formés qu'ils ne peu- vent pas être d'une grande utilité pour l'Etat.

L'établiffement de l'hôpital des enfans trouvés eft donc vicieux non pas en lui-même, mais par rapport à la maniere dont on les éleve dans leur enfance. Il l'est encore plus par rapport à l'éducation qu'on leur donne dans un âge plus avancé. On voit généralement par-tout que les pauvres artifans ne peuvent pas élever leur famille; que proportion gardée avec le débit de nos différentes fabriques, il y a trop d'ouvriers en tous genre; & qu'ils ne peuvent pas tous être occupés. Pourquoi donc vouloir en augmenter le nombre par l'ufage où l'on eft de faire apprendre des métiers aux enfans trouvés? N'eft-ce pas vouloir accroître encore plus la mifere dans cette claffe du peuple? Ce n'eft donc pas là procurer à ces malheureux enfans un état qui leur foit le plus avantageux que de leur faire apprendre des métiers, puifqu'ils auront le fort d'une infinité d'enfans legitimes qui quoiqu'ils ayent le métier de leurs peres & les plus grandes facilités pour s'établir, font cependant dans la mifere. A plus forte raifon que deviendront des gens qui n'ont d'appuis & de confeils de perfonne, ni aucune expérience du monde, puifqu'ils ont toujours vecu renfermés.

Tout murement confidéré, il me femble qu'on n'a point pris les moyens néceffaires pour tirer de ces créatures un avantage foit pour l'Etat foit pour elles-mêmes.

CHAPITRE III.

D'un Réglement beaucoup plus propre à en tirer un bon parti à l'avantage de l'Agriculture & du Commerce.

Il auroit mieux valu faire un réglement qui auroit servi de loi générale, savoir que les paysans de la campagne qui auroient voulu se charger de ces enfans dès la mamelle les eussent pris & élevés chez eux en s'obligeant de les nourrir & entretenir de tout ce dont ils auroient besoin, & de les occuper aux travaux de la campagne comme leurs propres enfans, moyennant que la maison des enfans trouvés leur eût fait donner pour chacun garçon ou fille jusqu'à l'âge de 12 ans, 72 livres de salaire par an. Comme on auroit pu préférer sans doute les garçons aux filles, on auroit donné pour les filles 8 livres de plus par an, afin d'établir une balance qui ne fît plus donner à un sexe la préférence sur l'autre.

Quand ces jeunes gens auroient atteint l'âge de 25 ans on auroit donné un dot de 300 livres aux garçons, & 200 livres aux filles pour leur procurer un établissement conforme à leur état & à leur profession; mais ces dots n'auroient du être accordées que dans le cas où les peres & meres nourriciers auroient été bien satisfaits de leur conduite. Les curés des paroisses, le juge & le sindic des lieux auroient eu l'œil à ce qui se seroit passé tant de la part des peres nourriciers que des enfans, & on n'auroit accordé la conduite des inno-cens, qu'à des gens de bonnes mœurs & en état de pouvoir les élever comme il convient à des paysans nés pour le travail de la terre.

S'il se fût trouvé parmi ces peres & meres nourriciers quelques-uns qui par leur dérangement & leur mauvaise con-duite se fussent écartés des regles de la décence, on leur eût ôté les nourissons pour les confier à d'autres qui auroient bien voulu s'en charger. On en auroit agi de même en cas de mort de la part de la mere nourrice dans le bas âge de l'enfant, ou si tous les deux fussent morts avant que les enfans eussent atteint l'âge de 25 ans.

Il auroit dû être permis à tout pere & mere nourriciers de pouvoir se débarasser de leur nourrisson à quelque âge que ce fût, en faveur d'autres personnes prises dans le lieu, connues & agréés des curés & magistrats; permis pareillement à ceux qui traiteroient à ce sujet, de faire leur mar-ché à leur fantaisie, à condition que ces marchés ne pourroient apporter aucun changement au sort de l'enfant, qui dans ce cas passeroit sous la direction d'un au-tre. Ceci seroit propre à faciliter aux uns & aux autres l'agrément de pouvoir mieux associer les caracteres ensemble. Car il arrive fouvent qu'on a toutes les peines du monde à vivre avec certaines perfonnes, tandis qu'on s'accommode aifément avec toute autre. Par ces changemens on peut rencontrer des fujets d'une humeur conforme à la nôtre.

De plus cette liberté de faire des échanges de ces jeunes gens me paroît tout-à-fait effentielle par rapport aux deux fexes. Car il peut arriver que par la mort de l'un ou de l'autre des nourriciers, les garçons ou filles ne puffent plus vivre fi convenablement dans la même maifon, comme ils faifoient auparavant. Cela arriveroit fouvent & prefque toujours à l'avantage du jeune nourriffon, parce qu'il eft à préfumer que dès qu'on defire de s'en défaire foit par échange ou autrement, c'eft qu'on n'a plus la commodité ou la bonne volonté de les garder. Alors l'enfant ne peut que gagner à ce changement. Si cette liberté étoit interdite, il eft fûr qu'on ne fauroit affectionner ce que l'on ne garde que malgré foi, au lieu que cette liberté étant une fois accordée, il n'eft pas douteux que les peres & meres nourriciers, ainfi que les nourriffons qui entre eux pourront fe choifir d'autres patrons, feront plus exacts à remplir réciproquement leurs devoirs les uns envers les autres, par la crainte qu'ils auront de ne pas gagner au changement.

D'ailleurs l'habitude de demeurer & de vivre avec les mêmes perfonnes formant

toujours entre elles une certaine amitié
réciproque, ces fortes de marchés feroient
fans doute affez rares ; mais la liberté de
les faire de part & d'autre, eft néceffaire
tant pour contenir les jeunes gens dans
le devoir que pour y foutenir auffi les
patrons. Il feroit bon même que les peres & meres nourriciers employaffent de
tems en tems les menaces de les changer
en cas qu'ils ne vouluffent pas fuivre leurs
confeils & fe corriger de leurs défauts.

Tel eft le crayon fimple du plan qu'on
pourroit fuivre encore actuellement, fi
l'on vouloit, à l'égard des enfans trouvés.
Examinons préfentement s'il a les mêmes
défauts que l'inftitution qu'on en a faite à
Paris, & qui eft fuivie dans tous les hôpitaux du Royaume qui font fondés pour
ces enfans. Nous avons fait obferver que
de toutes les manieres dont on éleve les
enfans dans leur premieres années pour
fortifier leurs corps & leur tempéramment,
la meilleure eft celle que les meres des
payfans fuivent dans les campagnes. Les
enfans y jouiffent de toutes la pureté de
l'air & de toute la falubrité des alimens
qui conviennent le plus à leur nature, les
herbes, les légumes, les fruits, le laitage
y font de meilleur goût & de meilleure
qualité que dans les villes ou dans les hôpitaux. La grande liberté dont les enfans
jouiffent à la campagne, la commodité d'y
faire tous leurs jeux & leurs exercices
volontaires, ne contribuent pas peu à for-

tifier leurs membres & à leur former des tempérammens à toute épreuve. Ils s'accoutument à toute forte d'alimens les plus groffiers, à fupporter toutes les intempéries de l'air & des faifons, bien mieux que dans ces maifons où ils vivent dans la contrainte, renfermés perpétuellement comme des oifeaux dans une cage.

L'agrément d'être élevés par des nourriciers fans façon qui ne gêneroient point leurs inclinations, comme font ceux qui contre toute raifon veulent que des enfans foient auffi pofés & tranquilles que des perfonnes raifonnables eft la véritable caufe qui fait que les peuples des campagnes font plus ruftiques. J'en conviens; mais en échange de cette politeffe prématurée qu'on donne aux enfans dans les villes, ceux des payfans ont plus de vivacité, de forces, d'agilité, & de fanté. Ils peuvent fupporter les fatigues les plus violentes fans en être incommodés. La campagne, avec la vie ruftique qu'y menent les payfans, eft fans contredit plus propre à former le corps de l'homme. La ville avec l'éducation qu'on y donne ainfi que dans les maifons de communauté, eft plus propre à former l'efprit, à enfeigner la politeffe, les fciences & les arts, & en même tems elle corrompt fouvent, fi j'ofe le dire, les mœurs au détriment du corps & de l'efprit.

Comme on a plus befoin de ces gens forts & vigoureux pour cultiver les terres

& faire le métier de la guerre que d'artistes célebres, de sçavans & de philosophes, je crois qu'il est plus intéressant pour l'Etat de donner la préférence à l'éducation & la vie champêtres, sur-tout pour des sujets qui par l'irrégularité de leur naissance ne sont pas dans le cas de prétendre à un sort plus élevé.

Tel est le portrait fidele de l'éducation & de la vie villageoise, comparé à celui de la vie & de l'éducation des villes & des maisons qui veulent se conduire sur des principes raisonnés, & conformes à la mode. Quelle différence pour les enfans trouvés! Les peres & meres qui voudront s'en charger aux conditions que j'ai déja détaillées ci-dessus, & qui se feront fait un plan de les adopter avant que de les prendre, les éleveront précisément de la même maniere que s'ils étoient véritablement leurs propres enfans. La pitié naturelle à tous les hommes qui ne sont pas tout-à-fait corrompus & qui vivent dans la simplicité, fera sur l'esprit des meres nourrices le même effet que la tendresse produit dans le cœur des meres propres. L'intérêt qu'elles auront à les nourrir & les bien élever dans l'espérance d'en retirer un jour autant de services que de leurs propres enfans, fera pour elles un motif encore plus puissant que celui d'un intérêt passager. D'ailleurs se proposant de les garder toujours & de s'en faire aimer, elles ne craindront pas de s'attacher à eux, de même que quand elles nourriſſent les enfans des autres ſeulement pour un certain tems.

Il y a quantité d'exemples de ce que j'a-vance ici. On voit dans les campagnes de ces petits enfans que des pauvres fem-mes ont adoptés & qu'elles élevent ſans faire aucune diſtinction entre eux & leurs enfans propres. Je dirai plus: dès que ces pauvres orphelins commencent à avoir l'uſage de la raiſon & qu'ils ſavent leur véritable état, ils n'en ont que plus d'at-tention pour leurs peres & meres nourri-ciers, & marquent tant de reconnoiſſance de tous les ſoins que l'on prend d'eux, que ceux-ci redoublent pour eux d'ami-tié & de tendreſſe. Extrêmement flattés d'un pareil retour, ils s'y attachent véri-tablement, de plus en plus, quelquefois même ils pouſſent les choſes juſqu'à ex-citer la jalouſie de leurs propres enfans. Ce n'eſt pas que j'aprouve en eux cette conduite; mais je ne puis m'empêcher de la rapporter pour faire voir que le ſort des enfans trouvés élevés de cette ma-niere, eſt bien plus agréable que ſi on les avoit laiſſés ſous la conduite de gens in-différens & qui n'ont aucun intérêt à a-doucir leurs peines.

La maniere d'élever les enfans trouvés à la campagne pour les rendre forts & robuſtes eſt donc préférable à toute autre méthode.

Quant à leur état, il eſt certain que celui de la vie ruſtique, quand ils y auront été élevés dès la mamelle par des perſonnes qu'il en font profeſſion, eſt celui qui peut leur être le plus favorable, étant moins ſujet aux adverſités & aux peines de l'eſprit. Il leur ſera plus aiſé d'y trouver leur bonheur. Leur éducation ſimple les éloignera de toute ambition : ils ne connoîtront point de plus grand avantage que celui de vivre commodément en travaillant la terre. Ils s'y trouveront tout accoutumés & encouragés par l'exemple de leurs camarades d'éducation qu'ils y verront deſtinés de même qu'eux.

La petite dot que la maiſon des enfans trouvés leur donnera à 25 ans, leur ſemblera une ſomme très forte, & ils auront la ſatisfaction de voir une infinité de jeunes gens nés de mariage légitime qui n'en auront pas tant, quoiqu'élevés par leur peres & meres, & qui envieront pour ainſi dire leur ſituation. Cette dot les rendra recommandables & les fera rechercher des payſans pour le mariage ; de ſorte que l'établiſſement tant des garçons que des filles ſera très facile. Il y en aura beaucoup qui ſe marieront même dans la maiſon avec les enfans de ceux qui les auront élevés, parce que ſans doute la choſe ſe trouvera convenable de part & d'autre, & que le caractere de ces enfans les fera préférer à tous autres.

On peut compter encore qu'il s'en trouvera beaucoup qui par leurs bonnes manieres & par les services qu'ils auront rendus à leurs patrons, mériteront d'en devenir les héritiers lorsqu'ils se trouveront sans enfans. Ceux ci élevés dans la maison dès la mammelle & chéris comme s'ils en étoient réellement les enfans, peuvent bien espérer ce sort, puisqu'il est très commun aux gens qui n'ont point d'enfans de prendre chez eux ceux de quelques parens pour les élever tous petits & les laisser pour leurs héritiers, les pauvres gens sur-tout n'étant pas si attachés que les riches à perpétuer leur nom & leur famille. Tout consiste dans leurs vues d'intérêt plus ou moins grandes. Or comme on trouve d'ordinaire plus de reconnoissance des services de la part des étrangers que chez les parents, il arrivera que les exemples que je viens de dire seront peut-être assez fréquents. Dans l'état actuel des choses par rapport aux enfans trouvés, peuvent-ils espérer rien de semblable ?

CHAPITRE IV.

Avantage de ce nouveau Projet en faveur des Enfans trouvés.

I. Ces enfans trouvés, comme on voit, recruteront abondamment la classe des paysans : les terres du Royaume en seront mieux cultivées, & par conféquent deviendront à proportion d'un meilleur rapport & d'un plus grand fecours pour le bien de notre commerce.

II. A l'égard de la population, comme tous les enfans trouvés, tant les garçons que les filles, fe marieront & s'établiront facilement à la faveur de leur dot, ils produiront de nouveaux citoyens à l'Etat & formeront de nouvelles familles qui augmenteront le nombre des habitans des campagnes; au lieu que de la façon dont les enfans trouvés font conduits aujourd'hui, il n'y en a que très peu qui prennent le parti du mariage.

III. Ce n'eft pas encore là tout l'avantage dont ce projet peut être pour la population & l'agriculture. Car fi on fonge au bien que feront dans les familles des pay·fans qui voudront fe charger de ces enfans, les petites penfions qu'on leur payera jufqu'à l'âge de 12 ans, on trouvera cet avantage fort confidérable. Nous avons fait voir en parlant des pauvres qu'on nourriroit dans la maifon d'affociation, que dans un ménage bien conduit à la campagne on pouvoit nourrir & élever un enfant pour trois fols par jour jufqu'à un certain âge. Cela fait 54 livres par année. Mais je fais donner par l'hôpital des enfans trouvés 72 livres ou même 80 pour les filles. Cela fait 18 ou 26 livres de profit par an pour récompenfer les foins que les nourrices fe donneront pour

eux, & cela les aidera à nourrir & mieux é-
lever leur propre famille.

IV. Les travaux que ces petits enfans feront dès qu'ils feront capables de gagner
quelque chofe jufqu'à 25 ans, ferviront à
aider leur patron & fa famille, & à pouvoir mettre quelque chofe en réferve
pour donner des établiffemens à leurs
propres enfans: ce qui les obligera à ne
pas quitter la maifon paternelle, comme
ils font pour aller courir les provinces &
entrer dans la fervitude.

Tous ces biens que je viens de parcourir font des fuites néceffaires & des preuves du fruit que produira ce nouveau moyen de recruter les peuples. On verra renaître bien-tôt une population nombreufe
dans l'Etat, fi on embraffe nos idées,
fur-tout fi on faifit l'occafion d'y encourager les peuples en leur propofant des
récompenfes, comme je me flatte d'en faire connoître l'utilité dans la fuite de cet
ouvrage. Mais avant que de paffer à cet
objet, parcourons les moyens que l'on
pourra avoir pour fournir à payer annuellement les penfions & les dots qui
feront dues à ces enfans trouvés à mefure qu'ils arriveront à l'âge de 25 années
accomplies: ce n'eft pas affez de s'impofer
de nouvelles obligations, il faut avoir des
fonds fuffifans pour faire face à tout.

C H A-

CHAPITRE V.

Des fonds qu'il faut avoir pour faire nourrir & élever suivant notre projet tous les enfans trouvés du Royaume, & comment on distribueroit les Bureaux pour les recevoir & pour favoriser les accouchemens des femmes qui s'y rendroient.

On compte communément dans la capitale 4000 enfans trouvés tous les ans. Cette ville est le refuge de presque toutes les filles qui ont manqué à leur honneur, & elles s'y rendent de toutes les provinces voisines pour y accoucher secrettement afin de couvrir leur honte. C'est ce qui produit dans Paris un nombre si prodigieux de ces enfans. D'ailleurs il y a beaucoup de misere parmi le petit peuple de cette ville immense; la plus part faute d'être en état d'élever leurs propres enfans, les font porter à cet l'hôpital. Sur ce pied-là nous pouvons compter que toutes les autres villes des provinces du Royaume prises en bloc, en doivent fournir à peu près le double. C'est justement la proportion que nous avons établie dans nos précédens projets en suivant le rapport du luxe du reste de l'Etat comparé à celui de la capitale. Ainsi estimons le nombre total des enfans trouvés de tout le royaume à 12 mille ou environ chaque année. Or com-

me on feroit obligé de continuer la penfion alimentaire aux peres nourriciers jufqu'à l'âge de 12 ans, fi tous ces enfans vivoient, cela feroit à raifon de 72 liv. pour
les garçons & de 80 pour les filles, la fomme
de 912 mille livres pour chaque année;
mais c'eft dans la fuppofition qu'il n'en
mourût point : car l'enfant mort la penfion feroit fupprimée fur le champ, & les
peres nourriciers n'obtiendront le payement de la penfion que fur les certificats
de vie du nourriffon, figné du curé & des
magiftrats du lieu. En fuppofant donc
qu'il y auroit 12 mille enfans trouvés tout
les ans, & qu'il n'en mourût point dans
l'efpace de 12 ans, qui eft l'âge paffé lequel on ne donneroit plus de penfion, le
nombre de ces enfans fe trouveroit de
144 mille à qui le nouvel établiffement
payeroit penfion, ce qui feroit tous les
ans la fomme de 10 millions 944 mille liv.
à quoi il faudroit ajouter la dépenfe que
l'hôpital général feroit obligé de faire
pour tous les bureaux qu'il y auroit dans
le Royaume, & pour les apointemens des
adminiftrateurs, infpecteurs, commis &
autres perfonnes chargées de veiller à la
régie, & à la diftribution exacte des penfions de ces enfans, & à la perception des
revenus & aumones dont nous parlerons
ci-après, enfin aux dépenfes qu'il y auroit à faire pour les voyages des nourrices
& le tranfport des enfans chez elles. Je
crois que tout cela fe trouveroit payé & au

delà par le *deficit* des penſions qui ſe trouveroient ſupprimées à la mort des enfans qui n'auroient pas vecu juſqu'à 12 ans accomplis. Et comme il y en auroit vraiſemblablement près d'un quart, cela laiſſeroit aſſez de revenu pour remplir toutes ces dépenſes.

A l'égard des dots qu'on leur donneroit à 25 ans, comme il n'en reſteroit alors que les deux tiers, c'eſt-à-dire 8000 au plus par an, garçon ou fille, qui ſeroient dotés ſur le pied de 250 livres l'un portant l'autre, cela formeroit encore un objet de 2 millions de livres par an qui joint aux penſions alimentaires & aux fraix de régie monteroit à la ſomme de 12944000 livres qu'il faut avoir de revenu annuel pour l'entretien & les dots de tous les enfans trouvés dans toute l'étendue du royaume.

Le bureau de Paris auroit ſous ſa direction dans toutes les villes un peu conſidérables, d'autres bureaux & un endroit particulier pour y recevoir les pauvres femmes en couche, ſans qu'on pût leur demander leur nom ni leur demeure. Ces établiſſements ſeroient faits à la charge, comme nous l'avons dit, des enfans trouvés. C'eſt-là que les peres & meres nourriciers viendroient chercher les enfans qu'ils voudroient prendre à leur charge, moyennant les conditions qui ont été ſpécifiées plus haut. Il y auroit des nourrices en titre pour prendre ſoin de ces enfans en attendant que d'autres vinffent les prendre pour les emporter chez elles. Tous les enfans trouvés, expofés aux portes des églifes & des châteaux des feigneurs, feroient tranfportés à ce bureau particulier du diocefe aux fraix du feigneur du lieu, où ils auroient été trouvés. Le feigneur en feroit quitte pour cette feule dépenfe, fans être obligé de faire aucunes pourfuites pour découvrir la mere, à moins que l'enfant n'eût été trouvé mort, auquel cas il feroit fait aux dépens du feigneur du lieu des recherches très vigoureufes fuivant les loix, afin de punir les auteurs & coupables. Mais au moyen de cette loi rigoureufe, il arriveroit deformais qu'on ne feroit plus périr d'enfant, d'autant plus qu'il ne feroit fait aucune perquifition fur leur naiffance lorfqu'on les expoferoit d'une maniere à ne courir aucuns risques pour leur vie.

LIVRE HUITIEME.

Vues patriotiques pour le soulagement des pauvres conformément à tous les projets précédens.

CHAPITRE I.

Combien tous les projets précédens, sont favorables aux pauvres: moyens de se procurer tous les fonds nécessaires pour les exécuter.

Le lecteur aura remarqué sans doute que l'objet essentiel, même l'unique objet de tous les nouveaux réglemens de police dans les villes au sujet de leurs habitans, & ce qui concerne les artisans, est de procurer un état plus heureux que celui dont ils jouissent actuellement, & en même tems de favoriser davantage la population, sur-tout dans les campagnes où l'espece manque. Les nouveaux établissemens de toutes nos maisons d'association ne contribueront pas peu à bannir la misere qui accable le petit peuple de tous les âges, en leur offrant un azyle quand ils se trouveront dans le cas de ne pouvoir s'en passer, sans avoir recours aux hôpitaux actuels. Mais l'avant-dernier de ces établissemens, je veux dire la maison d'affociation des campagnes, pocurera en-core un bien plus confidérable, comme on a dû le fentir, non feulement en occu-pant une multitude de bras & de bouches inutiles qui font actuellement à charge au public, mais auffi en améliorant & met-tant en valeur les terres vacantes & incultes que l'on rencontre dans toutes les provinces du Royaume, dont le pro-duit & les revenus ferviront à foulager les pauvres & le furplus fera employé pour le répandre au prorata fur toutes les perfon-nes taillables du diftrict, afin de leur fa-ciliter les moyens de payer au Roi avec plus d'aifance une partie de leur impofi-tion, & de pouvoir donner, par le fecours qu'ils en recevront, une meilleure culture à leur terres. Excités d'ailleurs par leur intérêt & engagés par l'exemple frappant qu'ils auront devant leurs yeux par les nouvelles améliorations que feront ces maifons d'affociation, ils ne manqueront pas de faire tous leurs efforts pour fuivre les mêmes traces.

On voit que tous ces moyens font rela-tifs à la population, à l'agriculture & au commerce.

Une plus grande abondance de denrées, & un plus grand nombre d'aziles qui fer-viront en même tems à donner de l'occu-pation aux pauvres, feront des moyens efficaces pour détruire la mendicité, en ne laiffant perfonne dans l'oifiveté qui eft la fource la plus commune de la mifere.

Il ne faut pas douter qu'alors les peuples voyant les progrès & l'état floriſſant de ces nouveaux établiſſemens, regarderont la mendicité comme une marque de lâcheté, & comme un vice qui mene à tous les autres. Les charité que l'on fait actuellement aux vagabonds & fainéans & même aux infirmes de tout état & de tout âge, deviendront fort inutiles; on pourra les regarder comme contraires au bon ordre & comme la vraie cauſe du libertinage de toutes les perſonnes indigentes qui refuſent une occupation honnête.

Enfin ſi le gouvernement jugeoit à propos de ſuivre les propoſitions que j'ai faites par rapport aux domeſtiques à Paris & dans toutes les grandes villes; qu'on fît l'application des revenus pour donner des penſions à la pauvre nobleſſe & à la bourgeoiſie militaire; qu'enſuite on fît une réforme dans les maiſons des invalides & de St. Cyr, une partie de la nobleſſe, de la bourgeoiſie, de même que le bas peuple, recevroient encore de plus grands ſoulagemens à leurs peines, & feroient en état d'élever leur famille & de mettre de l'ordre dans leurs affaires, bien mieux qu'ils ne peuvent le faire dans la ſituation actuelle des choſes.

Je ſuis preſque ſûr qu'il y aura peu de perſonnes qui ne ſoient de même avis que moi, à l'exception de ceux dont l'intérêt particulier demande que les choſes demeurent dans le même état où nous les voyons. Mais l'intérêt du public nous est favorable.

Pour former les établiſſemens nouveaux que je propoſe, il faut faire uſage des fonds qui ſont employés aux hôpitaux & aux maiſons de charité, & principalement pour l'établiſſement des enfans trouvés ſuivant la méthode que j'ai inſinué plus haut, afin de recruter les peuples de la campagne; & comme ſuivant mon ſiſtême, les maiſons de charité actuelle, les hôpitaux, & les hôtels-dieux deviendront abſolument inutiles aux peuples, que leurs revenus ſont très conſidérables, que d'ailleurs c'eſt un bien qui appartient aux pauvres, on pourra les leur diſtribuer d'une maniere plus avantageuſe pour eux. On employeroit premiérement une partie pour les enfans trouvés. Nous verrons enſuite à quoi on pourra appliquer le reſtant pour l'avantage des pauvres.

Je ne ſuis pas des mieux inſtruits des revenus de toutes ces maiſons; ainſi je ne puis guere en déterminer la valeur. Cependant à partir de quelques inſtructions que j'ai eues à cet égard, j'ai lieu de préſumer que les revenus qu'ils poſſedent ſont fort grands. On fait monter celui de l'hôtel-dieu de Paris à plus de 18 millions. Si le fait eſt, comme bien des gens l'aſſurent, il n'eſt pas douteux que tous les autres hôpitaux du Royaume réunis enſemble jouiſſent d'un revenu deux fois auſſi conſidérable; car en général toutes ces maisons sont nombreuses dans les grandes villes, & elles sont presque toutes très bien fondées. A partir de cette idée générale que je m'en suis formée, j'estime que le revenu total destiné pour les pauvres & les malades dans tout le Royaume, & compris dans les seuls hôpitaux, monte année commune à plus de 50 millions, sans compter les charités particulieres des paroisses & celles que chacun fait à part. Des revenus aussi immenses sont extrêmement à charge à l'Etat, puisque bien loin de rendre les pauvres heureux, ils ne font qu'en perpétuer le nombre au préjudice de l'agriculture & de la population. Je ne prétends pas que ce défaut soit causé par une mauvaise administration, mais seulement par la mauvaise application qu'on en fait aux pauvres (je crois l'avoir suffisament prouvé dans les chapitres précédents) en rassemblant les pauvres dans ces maisons sans leur donner une occupation qui les rende utiles.

Par mon sistême des maisons communes des artisans, & des maisons d'association je donne bien un azyle aux pauvres, mais d'une maniere aisée & commode, qui ne pourroit jamais devenir à charge à personne. Ces maisons étant administrées par les communautés même dont dépendent les pauvres qu'on y reçoit, le profit en retombera sur elles & les soulagera de plus d'une façon : car tous les pauvres qui s'y trouveront raffemblés, y feront occupés proportionément à leur état, à leur force & à leur induftrie, d'une maniere convenable & avantageufe à ces fondations ; de forte quelles fe foutiendront par leur feule inftitution & par leur économie fans avoir befoin d'aucun fecours étranger.

Il n'y aura que les enfans trouvés que je propofe de faire élever à la maniere de la campagne, à qui on donnera des dots pour leur faire des établiffemens, afin de recruter les peuples cultivateurs. Ces enfans coûteront toutes les années 13 millions, on prendra cette fomme fur les revenus des hôpitaux actuels du Royaume. Comme c'eft un bien appartenant aux pauvres, leur ayant été deftiné, les enfans trouvés font dans le cas d'être les premiers privilégiés. Quant aux 37 autres millions reftants, nous allons propofer l'emploi qu'on en pouroit faire, mais auparavant examinons un peu ce que produiront ces 13 millions répandus tous les ans pour élever & doter les enfans trouvés.

Nous avons fuppofé qu'il peut y en avoir tous les ans 18000 dans le Royaume, & que près des deux tiers de cette quantité parviendra jufqu'à l'âge de 25 ans, vu la maniere fimple & frugale dont ils feront élevés, & le bon air qu'ils refpireront, cela fera donc aux environs de 8000 perſonnes de plus chaque année, qui ſe marieront. Or comme ces mariages faciliteront les mariages des enfans légitimes de la claſſe des payſans, on peut compter ſur plus de 6000 familles nouvelles qui recruteront la claſſe des peuples de la campagne: un peuple auſſi néceſſaire qui augmentera tous les ans d'un pareil nombre de familles ne pourra que faire un effet merveilleux, en s'occupant aux travaux de la terre, ſur-tout lorſque les réglemens de police que j'ai propoſés, ſeront exécutés avec exactitude, & qu'on aura établi les maiſons d'aſſociation pour y recevoir ceux que la miſere pourroit faire ſortir de la claſſe & de l'ordre qui leur eſt deſtiné par leur état. Que l'on conſidere pour un moment ce point de vue, on ſentira combien il eſt vaſte & combien il procurera de reſſources à l'Etat. On ne finiroit pas ſi on entreprenoit de les détailler; ſur-tout dans un ouvrage où on ne peut que les préſenter en gros, mais pourtant d'une maniere aſſez ſenſible, pour faire voir aux lecteurs l'effet qui en réſulteroit.

CHAPITRE II.

Examen d'un nouveau fyftême de nourrir les Enfans nouveau - nés fans le lait de femme.

Nous vivons dans un fiecle très éclairé, & où le goût de la nation fe porte volontiers vers tous les objets d'économie & d'amélioration ; on préfente tous les jours une infinité de projets plus ou moins intéreffans fur toutes fortes de matieres. Il y a un de ces projets enfanté par le génie charitable d'un véritable patriote, qui l'exécute à fes propres dépens, fon zele mérite tous les éloges poffibles & fes intentions font pures. Ce projet néanmoins me paroît défectueux & fon auteur n'y a pas affez murement réfléchi. Je ne puis m'empêcher de dire ici ce que j'en penfe ; car quelques bonnes intentions que l'auteur puiffe avoir, il pourroit en réfulter un grand mal pour l'Etat, fi un tel fiftême alloit prendre faveur. On comprend affez que je prétens parler ici, de la nouvelle maniere d'élever les enfans, que l'on affure être patiquée en Angleterre. Notre nation qui fe laiffe aller au préjugé, adopte facilement les fingularités de fes voifins. La prudence exige que l'on examine auparavant fi la chofe eft avantageufe.

La maniere d'élever les enfans d'une façon différente que celle que les meres nourrices pratiquent elles-mêmes, eft très contraire au bien des enfans. J'ose le certifier. Si on en fait l'épreuve, on trouvera que malgré tous les soins qu'on en puisse prendre, il n'en pourra jamais résulter un bon effet. Comment cela pouroit-il être? On se propose de faire nourrir les enfans sans le secours du lait de femme, en faisant du lait de vache coupé, prétendant par là en nourrir un plus grand nombre à la fois; deux choses qui sont totalement opposées à la santé des enfans & à l'œconomie qu'on se propose.

La nature a donné aux femelles de chaque espece d'animaux un moyen particulier pour élever & nourrir leurs petits, lequel est proportionné à chaque individu. Vouloir nourrir un enfant au sortir du sein de sa mere, qui est le tems où il est le plus foible, avec le même aliment qui convient à un veau, c'est entreprendre une chose contraire à sa nature. Dans un âge aussi délicat l'enfant a besoin de tout ce qui peut lui procurer une nourriture analogue à sa constitution pour aider à former ses organes. Pour peu que les alimens qu'on lui fera prendre, lui soient nuisibles, cela influera nécessairement sur son tempérament. Toutes les meres ainsi que les médecins ont remarqué l'effet que produit sur un enfant le changement de nourrice, à plus forte raison ne se trouvera-t-il pas bien d'une nourriture qui lui est totalement étrangere.

Nous avons des exemples qui prouvent

qu'on peut nourrir un enfant avec d'autre lait qu'avec celui de femme; mais ces exemples font rares, & l'on ne prend ce parti que dans des cas forcés, & lorfque l'enfant a déja acquis affez de force pour réfifter à ce changement de nourriture. Qu'en arrive-t-il? La plupart périffent à cette épreuve, & ceux qui la furmontent, ne poffedent jamais une fanté auffi parfaite ni un enbonpoint auffi marqué que ceux qui ont fuccé le lait d'une bonne nourrice. Cela me paroît affez fimple: le lait que l'enfant tire de la mamelle d'une femme, paffe auffitôt dans fon eftomach, fans qu'il s'en évapore la moindre des parties volatilles, & fans perdre la chaleur naturelle qui eft à un degré tel qu'il le faut pour l'enfant. Comment ofe-t-on fe promettre que le lait qu'on aura trait d'une vache pour le donner à l'enfant, ne perdra rien de fa bonne qualité, dans le tems feul qu'il faudra pour le faire prendre? Comment pourra-t-on lui conferver le degré de chaleur néceffaire? Cela me paroît fort embarraffant. Si les veaux à qui on ne permet pas de teter leurs meres de crainte qu'ils ne les fatiguent trop, ne fe nourriffent par fi bien, que s'ils tetoient euxmêmes, quoique ce foit précifément le même lait, quel plus grand mal ne doit-il pas arriver à un enfant qu'on nourrira comme on nourrit un veau qui ne tete pas? Je laiffe à faire cet examen, à ceux qui par état favent parfaitement ce qui en est. Voilà ce que j'avois à dire quant à la nourriture.

Quant au but qu'on se propose, savoir d'élever un plus grand nombre d'enfans à la fois, on vise à l'économie; on donnera le soin de plusieurs enfans à une seule gouvernante. Or comme il ne lui sera pas possible de donner des secours à tous ces petits innocents à l'instant même où ils en auront besoin, souvent plusieurs dans le même moment, il y en aura nécessairement qui souffriront en attendant que leur tour soit venu pour être soulagés, & pour les mettre dans des attitudes nouvelles. Quand les enfans demeurent trop longtems couchés, cela leur cause des douleurs & est très nuisible à leur santé qui demande un certain exercice pour mettre les humeurs en action, sans quoi la circulation ne pouvant s'en faire assez librement, elles stagnent & causent des engorgemens dans les glandes qui font un tort infini à la santé des enfans & souvent occasionnent leur mort. Pour éviter ces accidents, qui seroient assurément très fréquents, il faut encore des promeneuses qui ayent soin de leur donner toutes sortes de situations, & de les empêcher de crier en les amusant.

Réunissons tous ces objets de dépense, d'abord l'article de leur nourriture: car quoique ce ne soit d'abord que du lait de vache & de la bouillie, elle ne laissera pas que de coûter au moins dix-huit deniers

par jour; leur logement, celui des gouvernantes & promeneuſes, la nourriture
& les gages de toutes ces perſonnes ne
peuvent guere revenir à moins de 5 ſols
par jour pour chaque enfant, pour les
ſoigner de tout ce dont ils auront beſoin,
ſoit pour laver les linges, les blanchir, les
changer juſqu'à trois & quatre fois nuit &
jour, leur donner ſouvent à manger, les
bercer, les promener, & une infinité
d'attentions qu'une ſeule perſonne ne peut
jamais donner comme il faut à quatre
enfans.

Que l'on compare cette dépenſe à celle
qu'il faut pour les mettre en nourrice.
Les adminiſtrateurs des enfans trouvés ne
payent aux nourrices que 6 livres par mois
ou 4 ſols par jour, dans ce nouveau ſiſtême il en coûtera ſurtout aux portes de Paris où on prétend faire ces établiſſemens
au moins 6 ſols 6 deniers pour chaque
enfant; au reſte les enfans ſeront encore
plus mal, malgré cette dépenſe, qu'ils ne
pouroient être entre les mains des plus
mauvaiſes nourrices, quand on ſuppoſe-
roit les plus grandes attentions de la part
de ceux qui conduiront cette entrepriſe.
Mais comme il n'eſt pas ordinaire que des
hommes, quelque bonne volonté qu'ils
ayent, puiſſent ſe captiver continuellement, pour une choſe à laquelle ils n'auront qu'un foible intérêt, il arrivera que
ces pauvres petits enfans qui ſeront abandonnés à leur conduite en ſouffriront;
qu'il

qu'il en périra beaucoup, ou qu'ils feront la plupart eftropiés & contrefaits le refte de leurs jours.

Voilà à quoi on doit s'attendre d'un pareil établiffement. Il feroit bien plus fimple que cet excellent patriote qui eft véritablement charitable & très zelé pour le bien des pauvres, employât fes fonds à l'amélioration de quelques terreins vagues, incultes, ou de peu de rapport, qu'il en fît un revenu qu'il pourroit diftribuer enfuite pour penfionner un certain nombre d'enfans pauvres qu'on donneroit à élever à des nourrices approuvées. De cette maniere en faifant tous les ans de nouvelles acquifitions, ou améliorations, avec une partie des revenus que l'on employeroit à cet ufage, on accroîtroit les fonds deftinés à la nourriture des pauvres enfans, car de quelque façon qu'on s'y prenne il faudra toujours fonger à avoir des fonds confidérables pour l'exécution d'une pareille entreprife.

Je me fuis peut-être un peu trop étendu fur cette matiere, mais j'ai cru qu'il étoit important de prévenir le public, afin qu'il fe tienne davantage fur fes gardes, lorfqu'on lui propofera de nouveaux projets fur la maniere de faciliter fa population, & que fous l'apparence de bons motifs on ne prenne pas des moyens qui par l'évènement font plus capables de nuire à cette même population fi intéreffante pour tout le monde en général, & particuliérement

pour les peres & meres à qui appartien-
nent les enfans. Nous allons maintenant
continuer à développer nos idées, sur des
nouveaux moyens que le gouvernement
peut embrasser pour faciliter aux pauvres
familles les facultés d'élever leurs enfans
jusqu'à l'âge de 18 ans, c'est-à-dire jusqu'au tems où ils commencent à leur être
moins à charge.

CHAPITRE III.

*Nouveau moyen de faciliter la population
parmi le bas peuple dans toutes les villes
du Royaume, ainsi que dans les Campagnes.*

Le projet que nous allons proposer pour
faciliter aux peuples les moyens de multiplier l'espece humaine, est une suite naturelle de tous les réglemens & nouveaux établissemens que l'on a vus ci-
dessus. Les fonds de tous les hôpitaux &
maisons de charité du Royaume qui sont
véritablement le patrimonie des pauvres,
n'étant plus employés pour les y recevoir, puisqu'ils auront d'autres azyles plus
convenables, il faudra les faire servir à
distribuer des pensions à tous les peres &
meres de quelques qualités qu'ils soient
qui auront plus de deux enfans & qui
n'auront pas au moins 300 liv. de bien en
fond. Ces pensions seront prises sur le

reſtant des revenus du bien des pauvres après qu'on aura prélevé de quoi fournir aux penſions alimentaires & aux dots des enfans trouvés, comme nous l'avons détaillé plus haut dans l'article qui les concerne. A l'égard donc des enfans légitimes des pauvres habitans des campagnes, voici les regles qui ſeront obſervées.

Les deux premiers enfans n'auront point du tout de penſion, parce qu'on ſuppoſe que les peres & meres qui voudront s'occuper utilement trouveront ſur le produit de leur travail de quoi faire face à la nourriture & éducation de deux enfans. Mais pour le troiſieme & autres qui ſuivront, on donnera pour chacun ſoit garçon ou fille 40 liv. de penſion; laquelle penſion commencera à courir depuis le moment de leur naiſſance & ſera payée juſqu'à ce que l'enfant ait atteint l'âge de 12 ans révolus, en cas qu'il vive juſqu'à cet âge, ſinon juſqu'au jour de ſa mort. Cette penſion ſera accordée ſur les certificats de vie de l'enfant & de l'état ou ſituation où ſeront les parens pour juſtifier qu'ils ſont dans le cas de pouvoir y prétendre. Ces certificats ſeront délivrés par les curés des paroiſſes, & ſignés par les ſeigneurs, ſindics & magiſtrats des lieux, afin qu'ils ſoient par ce moyen revêtus de toute l'autenticité dont ils ſont ſusceptibles, & pour éviter les abus qui ſans cela pourroient ſe commettre à ce ſujet.

Pour ce qui concerne les enfans des habitans pauvres des villes qui se trouveront dans le cas d'aspirer à ces pensions alimentaires, on donnera pareillement à ceux qui justifieront leur indigence par des titres satisfaisans, on leur donnera, dis-je, pour le troisieme enfant & les autres suivans jusqu'à l'âge de 12 ans, 60 liv. de pension annuelle, ou 5 liv. par mois. Si on accorde 20 liv. par an aux enfans élevés dans les villes de plus qu'à ceux des campagnes, c'est pour entretenir une juste balance entre les uns & les autres, & parce qu'en effet les denrées sont toujours plus cheres dans les villes, & les besoins plus multipliés à proportion.

En suivant ce projet & en supposant qu'après avoir fourni à toutes les dépenses pour les enfans trouvés, il y restât tous les ans 27 millions à distribuer, cela formeroit un revenu capable de pensionner ainsi plus de 52 mille enfans chaque année pendant 12 ans, & voici comment s'établit ce calcul. Je suppose que le nombre des peuples qui habitent les villes égale celui des habitans de la campagne. Proportion gardée, la pension se trouvera être de 50 liv. au lieu de 60 liv. & 40 liv. Or supposons encore que dans le nombre de tous ces enfans il en périsse un quart depuis la premiere jusqu'à la douzieme année, cela feroit une proportion telle que si on les supposoit vivre tous seulement 10 ans $\frac{1}{2}$, ou bien comme s'ils vivoient tous & qu'on ne payât la pension

que jufqu'à 10 ans ½. 10 ans ½ de penfion à
50 liv. font 525 liv. pour la penfion totale d'un enfant, compenfation faite de
ceux qui meurent avant 12 ans. Or 56000
enfans tant filles que garçons ayant chacun 50 liv. de rente par an pendant 12 ans
& dont ⅛ s'éteint pendant cet efpace de
tems, reviennent à peu près à 27000000
liv. que nous avons fuppofés de refte
tous les ans fur les revenus des pauvres,
déduction faite de tout ce qui en coûteroit pour les enfans trouvés comme premiers privilégiés. 56000 enfans nouveaux
nés effectifs que l'on penfionneroit tous
les ans pendant 12 ans de fuite, feroient
au bout de 12 ans une quantité de
672000 penfions habituelles qu'il y auroit
toujours & dont les fortans feroient continuellement remplacés par de nouveaux:
cela donneroit fans doute beaucoup de
facilités aux peres & meres pour élever
leur famille. On ne verroit plus tant de
gens redouter de mettre des miférables
au monde, & les mariages deviendroient
beaucoup plus fréquens parmi le bas peuple qu'ils ne le font actuellement.

On ne donne point de penfion pour les
deux premiers enfans, pour la raifon que
nous avons déja dite, favoir parce que les
peres en travaillant feront fuffifamment
en état de les nourrir, pourvû qu'ils n'am-
bitionnent pas de les faire fortir de leur
état. Il n'en eft pas de même lorfqu'ils fe
trouvent chargés d'un plus grand nombre

de famille. Alors la quantité nuit à leur nourriture & à leur entretien. S'ils ne font pas fecourus, la mifere leur occafionne des maladies qui en font périr la plus grande partie avant qu'ils aient l'âge de pouvoir fe procurer par leur induftrie les fecours effentiels. Ce font pour l'Etat des pertes irréparables auxquelles aucuns de nos politiques n'ont encore fongé, parce qu'on n'a jamais imaginé où trouver les fonds néceffaires pour un fi beau projet.

Je ne vois pas qu'il y ait d'autre projet que celui que je viens de propofer, en faifant de nouveaux établiffements qui rendent inutiles ceux qui exiftent actuellement, que je regarde comme très défectueux à tous égards, & même fi j'ofe le dire, plus contraires à la population que propres à l'augmenter. Mais la machine du gouvernement reffemble à un char qui court toujours : comme il n'eft pas poffible de l'arrêter un feul inftant, fans un grand danger, lorfqu'on veut y fubftituer quelques pieces à celles qui font mauvaifes, dans ce cas il faut commencer par conftruire une nouvelle machine pour la même fin, laquelle étant conftruite fur de meilleurs principes, & faifant bien fes fonctions puiffe rendre l'autre inutile. C'eft ainfi qu'en opérant peu à peu, on parviendroit avec le tems à effectuer toutes les réformes que je propofe ; mais il ne faut toucher à rien jufqu'à ce que les nouveaux établiffemens foient en état de fournir à tous les befoins effentiels.

CHAPITRE IV.

Observations très intéressantes sur la régie des biens des pauvres, avec un nouveau moyen pour leur assurer dans tous les tems des revenus suffisans pour la dot des enfans trouvés & leur entretien, ainsi que pour les pensions des enfans légitimes, en quelque nombre qu'ils puissent être.

Nous n'entrerons point ici dans des détails critiques sur la conduite que tiennent communément les administrateurs des hôpitaux. Le public est assez informé du mauvais usage que l'on fait du revenu des pauvres; il n'y a point de bons citoyens qui ne gémissent du désordres qui regnent dans cette régie. Comment peut-on remédier à un pareil mal? Je crois que cela n'est pas possible tant qu'on sera obligé de se servir du ministere des hommes pour l'administration de ces biens. Il est bien rare pour ne pas dire impossible, d'en trouver qui ayent assez d'activité & une économie assez desintéressée pour s'employer tout à l'avantage des pauvres. Je ne prétends pas pour cela qu'il ne se trouve dans le nombre des administrateurs des personnes véritablement charitables qui procedent avec des intentions très pures, & qui dépensent leur bien plutôt que de l'augmenter aux dépens de celui des pauvres. Mais outre que ces personnes ne

forment pas le plus grand nombre, elles
ne peuvent pas veiller à tout, ni empê·
cher bien des abus qui fe commettent
malgré leurs foins & leurs attentions.
D'ailleurs comme les biens des pauvres
font de différentes natures & très difficiles
à gérer, il n'eft pas poffible qu'il n'y en
ait beaucoup de perdu, lorfque ceux qui
font chargés de leur régie, n'y auront pas
d'autre intérêt que celui qu'infpire la piété
& la charité aux gens de probité, qui font
naturellement indolens. Si au contraire
les adminiftrateurs fe trouvent être des
perfonnes ambitieufes, les pauvres fe
trouveront indubitablement pillés. Ainfi
de quelque maniere que les chofes fe gou-
vernent, il n'eft pas poffible qu'il en ré-
fulte un avantage complet, comme il arriveroit, fi chacun travailloit pour foi·mê·
me. C'eft la faute de l'humanité. Il eft
donc de la prudence du légiflateur de
prévenir ces maux en ne commettant plus
à la régie des biens des pauvres des perfonnes indifférentes à la chofe même, qui,
ou par une conduite molle ou négligente,
laiffent perdre une partie des revenus,
ou par trop d'avidité pour les richeffes
amaffent des biens immenfes qu'ils accumulent aux dépens des pauvres. Voilà
deux extrémités qu'il eft prefqu'auffi es-
fentiel d'éviter. Je vais en propofer les
moyens, ils font très fimples comme on va
le voir, & je me flatte qu'on ne les trouvera pas moins certains.

CHAPITRE V.

Nouveau moyen d'adminiſtrer les biens des pauvres & de fournir exactement au paye-ment des penſions de tous les enfans qui ſe trouvent dans le cas de l'exiger en conſé-quence de l'établiſſement projetté.

Suivant l'établiſſement, & l'eſtimation que nous avons faite ci-devant, le revenu de tous les hôpitaux & générallement de toutes les fondations faites en faveur des pauvres, monte à 50 millions de livres pour tout le Royaume. Par conſéquent le capital de ce revenu ſur le pied du denier vingt, vaut un milliard. Donc ſi on ven-doit à des particuliers ces biens de quel-que nature qu'ils puiſſent être, on en de-vroit retirer au moins cette ſomme en principal. Suppoſant que le Roi & tous les parlemens du Royaume vouluſſent y donner les mains on pourroit diſpoſer de cet argent & en faire deux emplois éga-lement importans.

Par exemple on en devroit employer la moitié pour améliorer les terres du Royau-me, en perfectionnant les moyens d'en ti-rer le plus grand avantage pour l'Etat. En conſéquence on prêteroit 500 millions aux agriculteurs de toutes les provinces qui en général ſeroient obligés d'acquitter les penſions & les dots de tous les enfans trouvés ainſi qu'à la penſion de ceux d'en-

tre les enfans du peuple des campagnes,
en quelque nombre qu'ils puſſent être,
qui ſuivant les reglements que nous avons
propoſé ſeroient en droit de l'exiger; &
comme nous avons remarqué que de 30
ou 40 paroiſſes de campagne, les maiſons
d'aſſociation rapporteroient plus de 100000
liv. de rente à la communauté, & qu'il
pourroit y avoir 2000 maiſons ſemblables,
cela feroit aux agriculteurs 200 millions
de revenu qui ſeroient bien en état de ré-
pondre de l'engagement, qu'ils pourroient
contracter au ſujet des nouveaux établiſſements, tant pour tous les enfans trouvés
du Royaume, que pour tous les troiſie-
mes & autres enfans des pauvres habitans
des campagnes.

Je ne penſe pas que de quelque maniere qu'on s'y prenne, on puiſſe placer
une partie du bien des pauvres, dans des
mains plus ſûres. On verra dans la ſuite
de cet ouvrage quel eſt l'emploi que j'en
fais faire au profit de l'agriculture, pour
lui faire rapporter un revenu infinement
ſupérieur au denier vingt. En quelque
nombre que fuſſent les pauvres familles
qui ſeroient dans le cas de demander la
penſion pour leurs enfans, il y auroit un
revenu ſurement fondé pour plus du double; & la ſociété des agriculteurs qui en
feroit ſon profit ne ſe refuſeroit jamais à
remplir ſes engagemens envers les pauvres. D'ailleurs les loix y ſeroient for-
melles, & il ſeroit expreſſément enjoint

aux juſtices royalles de les faire obſerver exactement & d'y faire tenir continuelle‑ ment la main. Comme les communautés d'agriculteurs ſe trouveroient diſperſés dans toutes les parties du Royaume, les pauvres ſeroient toujours à portée d'en recevoir les ſecours qu'ils auroient droit d'en attendre conformément aux regle‑ mens qui en ſeroient faits. Par ce moyen ils ne pourroient jamais manquer, & la population ſe trouveroit efficacement ap‑ puyée de la méthode la plus eſſentielle pour la favoriſer.

Que l'on conſidere encore l'avantage qui en réſulteroit pour tout l'Etat. Cet argent étant employé à l'amélioration de toutes les terres du Royaume, procureroit à l'Etat en général des revenus immenſes. Les biens qui ſont actuellement dépendans des hôpitaux, ayant ainſi paſſé dans les mains des différens particuliers qui en au‑ roient fait l'acquiſition à leur profit, ſe‑ roient alors beaucoup mieux cultivés & mieux régis qu'ils ne le ſont à préſent, par la raiſon que nous avons dite, ſavoir qu'on ne fait jamais auſſi bien pour l'inté‑ rêt d'autrui que pour ſon intérêt particu‑ lier. Quiconque donc examinera ſcrupu‑ leuſement notre projet dans toute ſon é‑ tendue & en embraſſant tous les points de vue qu'il préſente, y trouvera des avan‑ tages réels & très conſidérables pour l'E‑ tat; au lieu qu'aujourd'hui tous ces biens ne produiſent que des ſecours languiſſans.

Peut-être même trouveroit-on en appro-
fondiſſant un peu la matiere, que ces
biens placés comme ils le font, nuiſent
plus à la population qu'ils ne la favoriſent.

À l'égard des autres 500 millions reſtans
du capital formé par la vente des biens
des hôpitaux, il feroit à propos de les
placer dans le commerce en gros de l'E-
tat, afin de donner des débouchés à cette
partie & de l'aider dans ſes entrepriſes.
C'eſt une matiere ſur laquelle nous nous
expliquerons plus au long en traitant l'article du commerce. Cet argent feroit
converti en actions. La ſociété du commerce en gros feroit tenue de rendre un
compte exact des revenus, dont une partie feroit employée à payer la penſion a-
limentaire de tous les enfans au delà de
deux, des artifans & des petits marchands
qui outre leurs charges n'auroient pas pour
plus de 500 liv. de bien en fond. Si les
revenus que rapporteroient les actions
formées par ce fond de 500 millions, ne
ſuffiſoient pas, l'Etat commerçant en gros
& les aſſociés contribueront de leur part,
pour remplir cette obligation : de même
dans le cas où ces revenus feroient plus
que ſuffiſans pour l'emploi auquel ils feroient deſtinés, le corps de l'Etat commerçant en gros en profiteroit, & les aſſociés fe diſtribueroient le reſtant, chacun
au prorata des fonds qu'ils auroient mis
dans la ſociété.

Par ce double moyen les pauvres trou-

veroient une reſſource ſûre & immanquable, les uns ſur les agriculteurs, c'eſt-à-
dire les pauvres des campagnes; les autres, c'eſt-à-dire ceux des villes, ſur l'E-
tat commerçant en gros. Ainſi ces deux
états, l'agriculture & le commerce ſe trouveroient chargés du ſoin & de l'entretien
de chacun de leurs pauvres, & en conſé-
quence ils ſeroient tenus de leur fournir
leurs beſoins, ſuivant & conformément
aux réglemens que nous avons indiqués
plus haut. C'eſt dans ces deux claſſes que
ſe rencontrent les pauvres du bas peuple,
en faveur de qui toutes les aumones ont
été léguées; on ne ſçauroit mieux faire
que d'en charger la partie ſupérieure &
opulente de ces deux claſſes en l'obligeant dans tous les cas de perte comme
de gain, à ne laiſſer jamais manquer aux
pauvres du néceſſaire preſcrit.

D'après cette méthode que nous propoſons, il eſt très évident que l'on n'auroit
plus rien à craindre de la part d'une mauvaiſe adminiſtration: car comme cette o-
bligation de la part de l'agriculture & du
commerce ſeroit privilégiée à toute autre
charge, les pauvres n'en auroient jamais
rien à ſouffrir, & le nombre des inté-
reſſés qui ſeroit preſqu'auſſi grand que celui de tous les habitans du Royaume,
travaillant unanimement pour leur profit
commun, & pour leur avantage particulier, ne pourroient le faire ſans travailler

auffi à celui des pauvres. Qui que ce
foit ne pourroit plus s'enrichir aux dépens des miférables, puifque la portion
de ces derniers feroit toujours fixe & en
même tems la premiere qu'on préleveroit
fur le tout.

LIVRE NEUVIEME.

Des Libertins, Criminels d'Etat, & autres, &c.

✳✳✳✳✳✳✳✳✳✳✳✳✳✳✳✳✳✳✳✳✳✳

CHAPITRE I.

Projet d'un nouvel établissement de maisons de force, pour y renfermer les libertins, & ceux dont les crimes n'ont pas mérité une peine capitale.

Il y a quantité de crimes & de libertinages qui demeurent impunis faute de maisons de force assez nombreuses & assez vastes pour y renfermer les coupables ou les libertins & perturbateurs du repos public, pendant leur vie, ou seulement pendant un certain tems. De-là vient que les désordres deviennent de plus en plus grands, & portent un coup mortel aux bonnes mœurs & à la tranquillité des citoyens. On a à la vérité des maisons de force, mais elles sont trop petites & sont d'une dépense immense pour l'Etat, quoique les gens qu'on y renferme y soient dans une misere affreuse. Elles sont donc plus à charge par la dépense, qu'elles ne sont utiles au public par la retraite qu'elles fournissent pour un tas de libertins qui le vexeroient sans cesse.

Il ne faut pas perdre de vue que quoique ces gens ayent mérité par leurs excés & leur libertinage la repréhenſion de la juſtice & les châtimens les plus rigoureux, ce ſont néanmoins des citoyens auſſi bien que les autres, & puiſqu'on n'a pas jugé à propos de les priver de la vie, pourquoi chercheroit-on à la leur rendre inſupportable? Le point eſſentiel & l'intention de la juſtice, étant de les ſéqueſtrer du reſte des citoyens comme des membres gâtés, & comme ſi on les envoyoit dans quelqu'iſle extrêmement éloignée, afin qu'ils ne puiſſent plus nuire par leurs actions & par leur mauvais exemple, il ſeroit à propos de les regarder ſur ce pied. Même ſelon les genres de crimes qu'ils ont commis, on devroit leur permettre de travailler pour pouvoir rentrer dans la ſuite dans la ſociété dont ils ſe ſont fait exclure, après avoir expié leurs crimes, & s'être rendus dignes par un travail aſſidu & un repentir véritable, de retourner parmi les citoyens. Voilà, je crois, le parti qu'on devroit prendre par rapport aux moins coupables d'entre eux, & je ſuis perſuadé qu'il y auroit des moyens pour les rendre moins malheureux qu'ils ne le ſont actuellement ſans néanmoins qu'ils puiſſent être à charge à qui que ce ſoit, & par conſéquent de maniere que la police fût en état d'en punir une plus grande quantité s'il s'en trouve qui le méritent.

C H A.

CHAPITRE II.

Détail d'une nouvelle maison de force. De l'Emplacement, & des Bâtimens.

En suivant toujours notre siftême d'agriculture & de l'amélioration des terres, il faudroit établir ces maifons de force dans les terres de landes abandonnées, comme il y en a beaucoup dans prefque toutes nos provinces ; mais il faudroit cependant choifir le terrein le plus favorable à l'exécution du projet, c'eft-à-dire dans un endroit où d'abord on pût enclorre un grand efpace de terre, par exemple de mille arpents en une feule piece, & dans une fituation qui ne fût pas montagneufe mais propre à être arrofée par le moyen d'étangs & de réfervoirs que l'on feroit en dehors de l'enclos pour ramaffer les eaux, & qu'enfuite on diftribueroit par toutes les terres de l'enclos, par le fecours des canaux ou même des machines, s'il étoit néceffaire, & que les eaux ne puffent pas y être portées d'une maniere plus fimple. Comme il faudroit une quantité prodigieufe de pierres pour former les clotures & conftruire les bâtimens de cette maifon, il feroit bon d'obferver que la pierre n'y fut pas rare.

Ce font-là trois points effentiels qui doivent concourir à établir avec économie ces maifons. Cependant fi on avoit de la peine à trouver un emplacement convenable & tel que je viens de le dire dans les pays incultes, alors on choifiroit dans les plaines les moins fertiles & à portée de quelques côteaux, & abondantes en pierre, une étendue de 1000 arpens de terrein, en un feul morceau, & que l'on payeroit aux propriétaires à raifon d'un tiers en-fus de la valeur ordinaire : pour lors on s'arrangeroit à peu près fuivant le plan que nous allons détailler.

On conftruiroit avec de bonnes pierres & non des pierres de taille, un mur d'enceinte à chaux & fable, de 36 pieds de hauteur non compris les fondemens, de 6 pieds d'épaiffeur par le bas & 4 par le haut. Le deffus de ce mur feroit recouvert de belles pierres de taille qui deborderoient un pied de chaque côté. Il y auroit enfuite deux petits murs à hauteur d'appui de l'épaiffeur d'un pied chacun, mais qui auroient moitié de leur épaiffeur appuyée fur le gros mur, de forte qu'il y auroit entre les deux un chemin de trois pieds de largeur pour qu'une perfonne y pût paffer commodément. Il n'y auroit pour monter fur ce mur qu'un feul dégré pratiqué dans une tour, mais de 200 toifes; il y auroit fur le haud du mur des guérites bâties en cul de lampe, affez groffes pour faciliter la vue des deux côtés jufqu'au bas du mur. Ce mur auroit à différentes diftances quatre ou cinq portes faites comme de grandes portes cocheres, au - deſſus deſquelles on conſtruiroit des tours quarrées pratiquées au milieu du mur, de ſorte que ces tours qui ſeroient auſſi hautes que le mur formeroient par le haut une eſpece de donjon vouté, avec un eſcalier pour y monter. Leurs dimenſions ſeroient de trente pieds de longueur en dedans œuvre, & de quinze de largeur. Le bas de la tour ſerviroit de veſtibule à la porte, & il y auroit double porte, l'une du coté des champs en dehors & l'autre en dedans. L'eſcalier ſeroit fait dans une petite tourelle pour monter aux logemens qui conſiſteroient en deux appartemens de deux ou trois pieces chacun. Ces appartemens auroient vue ſur la campagne & ſur l'enclos; mais les fenêtres en ſeroient bien grillées des deux côtés. Quoique j'aye dit qu'il y auroit quatre ou cinq tours quarrées garnies de portes, il n'y en auroit qu'une qui ſeroit deſtinée à l'entrée générale de tout le clos, & où il y auroit continuellement un corps de garde. Les autres ſeroient toujours fermées à clef, & ne ſerviroient que dans les cas de beſoin pour le paſſage des voitures qui ſeroient employées à l'amélioration des terres du clos. Les logements qu'il y auroit dans ces tours ſeroient deſtinés pour les archers, & les gardes de la maiſon, on en mettroit deux dans chaque chambre; ainſi chaque tour logeroit huit archers: car il y auroit à chaque tour quatre pieces de 15 pieds de largeur en tous ſens,

& les cinq tours en logeroient 40, c'eſt-à-dire toute la garde de la maiſon de l'enclos.

Ce grand mur d'enceinte ſeroit la principale dépenſe & la premiere qu'on auroit à faire pour enclorre 1000 arpens. En ſuppoſant qu'ils ne formaſſent qu'une ſeule piece ronde ou quarrée, il y auroit quatre mille toiſes de longueur de mur; & comme ce mur auroit aux environs de 6 pieds de profondeur dans ſes fondations, cela feroit en tout 42 pieds ou 7 toiſes de hauteur, qui multipliées par 4000 toiſes de longueur feroient une conſtruction de 28000 toiſes quarrées que j'eſtime ſur 6 pieds d'épaiſſeur, quoiqu'on ait dit qu'il ſeroit réduit à 4 par le haut à cauſe des petits murs d'appui & des tours que je ne compterai pas, non plus que les portes & les pierres de taille qui ſeront deſſus pour former le chemin de ronde. Ainſi tout compris j'évalue cet ouvrage à 30 liv. de dépenſe pour chaque toiſe quarrée de ce mur. Les 28000 monteroient à 840000 liv.; & comme je préſume encore que ces bâtimens ſe feront dans les provinces un peu loin des grandes villes, que la pierre ſera à peu de choſe près comme ſur les lieux, & que l'on travaillera avec économie & d'une maniere ſimple, je ne crois pas avoir porté l'eſtimation au deſſous de ſa juſte valeur.

Outre cette premiere enceinte, il y en aura une ſeconde au centre de l'enclos qui environnera 100 arpens de terrein ou

mille toiſes quarrées : cette cloture ſera
faite ſous les mêmes dimenſions que la
premiere, & aura environ 1200 toiſes de
longueur pour ce mur, ſur 7 toiſes, fondations compriſes ; cela formera encore
un objet de 8400 toiſes qui eſtimées comme le précédent mur, à raiſon de 30 liv. la
toiſe quarrée, feront encore une dépenſe
de 252000 liv.

Au milieu de cette ſeconde enceinte,
ſera bâti le château de force, ou priſon
d'Etat avec le logement du gouverneur
de toute la maiſon. Ce château ſera ſimple ; les appartements en ſeront ruſtiques
& petits, quoique les murs en ſoient épais ;
les chambres voutées & les fenêtres grillées. Je n'eſtimerai pas le tout plus de
500000 liv. y compris le logement du gouverneur. C'eſt dans ce château que l'on en-
fermera les priſonniers d'Etat, & tous les
penſionnaires.

Les caves de ce château ſeront preſque
toutes des cachots pour ſervir à la correction des criminels qui ſeront ſous la
conduite du gouverneur.

Il y aura pluſieurs cours particulieres, la
premiere ſera celle du gouverneur. La ſeconde ſera pour les priſonniers de marque. La troiſieme ſera pour les femmes
priſonnieres d'Etat ; la quatrieme pour les
gens enfermés par ordre de la police ou
par leurs parens qui payeront penſion ; la
cinquieme pour les filles & les femmes

mifes à la correction par la police, ou par leurs parens qui payeront penfion.

Toutes ces perfonnes feront renfermées féparément, celles qui payeront 300 livres de penfion deux à deux; celles qui ne payeront que 250 livres quatre à quatre; celles qui payeront 200 livres fix à fix; celles qui payeront 150 livres 8 à 8; & 10 à 10 tous ceux qui payeront depuis 100 livres jufqu'à 150 livres.

A l'égard des prifonniers d'Etat, ils feront logés féparément, & fuivant les ordres qui feront donnés au gouverneur.

Il y aura dans cette place un Etat-Major complet, favoir Gouverneur, Lieutenant de Roi, Major, Capitaine des portes, un Commandant, des Archers, & des Porte-clefs ou Guichetiers. On aura pour la garde de cette maifon deux compagnies d'archers, compofées chacune de 50 Cavaliers, un Capitaine, un Lieutenant & quatre Brigadiers. Il y aura pour le fervice de tous les forçats huit Porte-clefs partagés en quatre diftricts différens, dont deux feront pour fermer le quartier des femmes, & leur fournir leurs néceffités; & les deux autres feront pour les hommes.

Tout l'efpace du terrein compris entre la feconde enceinte & le Château, fera diftribué en jardin potager & petit bofquets qui ferviront de promenade aux prifonniers qui en obtiendront la permiffion, & en même temps pour y cultiver les légumes néceſſaires pour l'utilité de tous les habitans du Château. Le lieutenant de Roi, le Major & le Capitaine des portes auront chacun un petit jardin féparé de celui du Gouverneur, qui fera le jardin commun pour la promenade. Il n'y aura pour le Château & la feconde enceinte qu'une feule entrée, où on tiendra toujours 8 hommes de garde avec un brigadier. On placera encore une autre garde de 8 hommes à la porte générale de la premiere enceinte. Entre le premier mur ou le grand rempart & une autre enceinte formée par un petit mur haut de douze pieds au deſſus du retz de chauſſée, & de deux pieds d'épaiſſeur, fait à chaux & à fable, fera compris un terrein de 500 arpens qui formeront comme une bande de terre intérieure & qui joindront au grand mur, & à une rue la feule qui fera le tour de cette bande de terrein, & des bâtiments ou maiſons, où feront logés dans des quartiers féparés les forçats, de forte que fuivant notre calcul, il y aura encore environ 400 arpens de terre entre cette rue & l'enceinte du Château.

On emploiera 50 arpens pour l'emplacement des maiſons de force, la cour & la rue qui fera tout le tour: les 350 reſtans ferviront à donner aux forçats de l'occupation, & ils les cultiveront à leur profit comme nous l'allons dire ci-après. On partagera ces 350 arpens en 20 lots particuliers de 20 arpens chacun, & un autre de 150 arpens en une feule piece. Ces petits enclos feront féparés par des murs de 12 pieds de hauteur, qui joindront au fecond rempart des prifonniers d'Etat, & atteindront d'un coté au logement des for- çats, & de l'autre au mur d'enceinte qui le féparera de la rue générale. Ce mur d'enceinte aura 18 pieds de hauteur & 3 pieds d'épaiffeur. On ménagera dans ce terrein une rue pour aller de l'entrée gé- nérale, à l'entrée du Château.

Tous les murs des logemens des for- çats feront bâtis de bonnes pierres choifies, & auront quatre pieds d'épaiffeur, & 30 pieds de hauteur au deffus du retz de chauffée. Il n'y aura aucune ouverture du coté de la rue, mais feulement du cô- té du clos qui regardera le Château; & ces ouvertures feront toutes petites & exacte- ment grillées. A chaque clos il y aura 15 ou 16 cellules; & comme on fera un retz de chauffée & deux étages, cela fera 5 cellules de plein pied, les unes fur les autres, avec un efcalier commun pour monter aux deux corridors de la galerie fur le devant pour pouvoir diftribuer aux chambres des forçats. Ces chambres n'au- ront chacune que 9 pieds de largeur fur 15 de longueur, & le lit fera placé dans le fond de la chambre. Chaque forçat aura une clef particuliere pour pouvoir ouvrir & fermer fa porte pendant le jour. Mais les Porte-clefs auront une groffe clef pour les enfermer la nuit.

Pour entrer dans ces cours ou quartiers particuliers, il y aura un guichet avec deux portes à chacun, la premiere de bois forte & épaisse; la seconde sera une grille de fer. On pratiquera dans la cour de chaque quartier une salle à cheminée de 20 pieds de longueur pour y faire la cuisine & y manger. Ce sera le réfectoire des forçats de chaque quartier.

L'enclos destiné pour les femmes sera de même que celui des hommes: on les logera deux à deux dans chaque cellule, pour le reste elles seront sur le même pied que les hommes.

Le grand enclos de 150 arpens, est reservé pour les personnes mariées. Ce sera de quoi fournir à 75 ménages comme on l'expliquera ci-après.

Tous ces logemens de forçats, tant pour les gens mariés que pour ceux qui ne le seront pas, consisteront en 75 cellules, avec autant de petits cabinets pour les gens mariés, & 300 autres cellules moitié pour les hommes & moitié pour les femmes De plus les Porte-clefs & leurs familles seront logés dans chaque quartier à la proximité des forçats.

Ces bâtimens monteront à près de 12 toises de maçonnerie pour chaque cellule l'une dans l'autre, qui à raison de 20 livres la toise parce que les murs en seront moins épais, sera une dépense de 240 livres chaque cellule; & pour les 375 ou 400 compris les petits cabinets, le tout ira à 96000 livres

Il en coûtera près de 160000 livres pour tous les murs de clôture.

Le logement des archers & des Porte-clefs, montera à plus de 30000 livres avec les cantines & la boulangerie.

Ainsi il faut compter pour toute cette partie près de 300000 livres, qui joints aux autres articles estimés précédemment formeront une dépense de 1900000 livres ou près de 2000000 livres. Cependant les travaux intérieurs qui seront faits en dedans de la premiere enceinte ne doivent pas être portés si haut, parce que quand une fois le premier mur sera achevé, on pourra faire travailler les forçats à la corvée pour aider aux maçons. Je crois donc qu'on pourroit réduire toute la dépense de ces constructions, & en général tout ce qu'il en coûtera pour tous les bâtimens d'une pareille maison à 1500000 livres.

✻✻✻✻✻✻✻✻✻✻✻✻✻✻✻✻✻✻✻✻✻✻

CHAPITRE III.

Du travail des Forçats & du profit particulier qu'ils en retireroient.

Les forçats pourront le matin dès qu'on leur aura ouvert leurs cellules, entrer dans le clos attenant leurs cours &

bâtimens. Ce clos leur appartiendra &
leur fera donné pour le cultiver en commun ; & le profit de cette culture fera
partagé entre les 18 plus anciens de la
bande pour en difpofer à leur gré. Il en
fera de même à l'égard du clos des femmes. Elles auront la liberté de le cultiver
& d'y faire venir tout ce qu'elles voudront;
mais le partage s'en fera entre les 20
plus anciennes, & les autres n'auront tout
au plus que la nourriture & un foible entretien, jufqu'à ce que leur tour vienne,
& qu'elles foient affez anciennes pour pouvoir participer au profit.

Il en fera à peu près de même pour
les hommes. Outre les dix anciens les autres travailleront conjointement & aideront
à ceux-ci, fans avoir d'autre part fur le
produit que la nourriture & le vêtement,
tels que la maifon les donnera à tous les
forçats

Si nous donnons aux femmes moins de
terrein à cultiver qu'aux hommes c'eft
qu'elles ont moins de force pour le travail de la terre, & qu'un demi-arpent fuffit pour chacune, attendu qu'elles peuvent
s'occuper à travailler dans leurs chambres
fuivant leurs talens. Celles qui ne voudront pas travailler à la terre, comme on
le leur montrera ne vivront qu'au pain &
à l'eau, au lieu que celles qui fe livreront
de bon cœur au travail, gagneront de
quoi adoucir la rigueur de leur fituation:
car généralement tout le travail qu'elles

feront ainfi que les hommes à l'exception des corvées, fera uniquement à leur profit, & elles en employeront le produit à ce qu'elles jugeront le plus avantageux pour elles.

Si le terrein eft bien amandé, bien cultivé & arrofé en tems & lieu avec de l'eau d'étang ou de riviere, il n'eft pas douteux que les femmes auffi bien que les hommes ne puiffent retirer de chaque arpens de terre cultivé ainfi, foit en froment ou en haricots, 300 livres par an fans compter les herbes & navets ou racines, que l'on fera venir pour leur ufage commun. Sur quoi ils feront obligés de payer au gouverneur tous les ans 10 livres de loyer par arpent, plus 10 livres pour leur fournir des eaux pour les arrofements, & encore 10 livres pour les charretées de fumier qu'on leur fournira fans compter l'entretien des perches pour ramer les harricots, lequel ira encore à 10 livres par arpent. Il y aura donc 40 livres à déduire par arpent fur les 300 livres de rapport qui fe trouveront par ce moyen réduites à 260 livres de profit net pour les forçats.

Comme ils auront 10 arpents par chaque quartier ou enclos, cela fera par chaque divifion 2600 livres. On prendra fur cette fomme la nourriture, le blanchiffage & entretien de 14 ou 15 perfonnes, ainfi que les hardes & les outils: ce qui reviendra tout au plus à 6 fols par jour pour les hommes, & 3 fols pour les femmes. Pour

le peu qu'ils fachent fe régler comme
il faut, ils fe trouveront bien nourris & ne
manqueront de rien. Ainfi 15 hommes ou
jeunes garçons dépenferont par an 1642 livres 10 fols qui déduits de 2600 livres laif-
feront encore un réfidu de 957 livres 10
fols, lefquels feront partagés entre les dix
plus anciens ; ainfi ils auront chacun 95
livres 15 fols qu'ils pourront s'ils veulent
mettre en réferve pour leur compte, ou
du moins la plus grande partie. S'ils font
fobres, ils pourront en moins de 15 années
de retraite avoir amaffé 1000 livres &
plus, pour obtenir leur liberté & s'établir
avec cet argent pour pouvoir vivre dans
la fociété fans s'expofer davantage à la
rigueur de la juftice, fuppofé pourtant que
leur jugement n'emportât pas la privation
de la liberté pour toute leur vie.

Les femmes qui feront au nombre de 20
ou 25 par clos ou quartier, pourront entr'elles toutes avoir le même revenu fi
elles favent cultiver leur terrein auffi bien
que les hommes, conformément à ce que
leur intérêt leur dictera. Il faut encore
qu'elles ne négligent rien pour cela ; &
quoiqu'elles n'ayent pas plus d'un demi arpent à travailler chacune: comme elles pourront plus aifément le bien mettre en état,
elles doivent en retirer un bon profit, &
nous compterons pour elles de même que
pour les hommes, 2600 livres de profit tous
les ans. Elles feront bien moins de dépenfe que les hommes, nous n'avons efti-

mé leur nourriture habituelle qu'à 3 fols par jour. Le travail particulier de leurs mains fervira à leur entretien, ainfi elles ne feront pas plus de dépenfe que les 14 ou 15 hommes. Pour le profit commun elles feront 20 à le partager; au moyen de quoi il leur reftera de net à chacune 47 livres 17 fols 6 déniers qu'elles pourroient tous les ans mettre de côté. Quand elles auront ainfi amaffé 500 livres, elles feront en état de pouvoir entreprendre quelque chofe dans le monde. Si elles font vieilles, elles refteront toujours à la maifon de force. En payant les jeunes qui feront avec elles pour faire l'ouvrage, elles pourroient toujours avoir part au profit commun, & rendre ainfi leur fort moins defagréable; & ainfi des hommes lorfqu'ils feront vieux.

CHAPITRE IV.

Détails particuliers concernant la police & le bon ordre de cette Maifon de force.

Tous les forçats de l'un ou l'autre fexe, en arrivant dans la maifon de force, feront mis au cachot noir pendant 8 jours où ils feront nourris au pain & à l'eau feulement afin de leur faire connoître d'avance la rigueur des châtimens qu'on leur fera fouffrir, s'il manquent à remplir leur devoir , conformément aux réglemens & ſtatuts que le gouverneur leur fera lire à haute voix avant que de les loger avec d'autres dans quelques cellules ou enclos. Si leurs camarades ne s'arrangent pas pour leur procurer un lit & des draps, ils coucheront ſur la paille juſqu'à ce qu'ils puiſſent avoir part au gain : & s'ils refuſent d'aller à la corvée comme les autres & de travailler, ils n'auront que du pain & de l'eau pour nourriture & ſeront toujours renfermés dans leurs cellules , tant les femmes que les hommes. Mais s'ils ſavent ſe faire aimer des anciens, & ſe laiſſer conduire avec douceur, ils vivront comme eux & on les fera coucher ſur un bon lit. Enfin à compter du jour qu'ils auront pris le train de travailler de leur mieux à la terre, ils datteront pour prétendre à leur tour au bénéfice ou partage dont ils auront alors la dixieme partie.

Tous ceux qui ſeront entêtés , opiniâtres , chercheront des querelles à leurs camarades & ſe battront avec eux, ſeront mis au cachot noir pendant 8 jours, & enſuite mis dans un autre quartier où ils prendront la derniere place quand même ils auroient eu la premiere dans le clos où ils étoient, afin de mieux les punir de leurs mauvaiſes façons & procédés.

Le Gouverneur choiſira entre toutes les femmes celles qui ſeront les plus convenables pour ſervir les perſonnes penſionnées, ou pour travailler dans les cuifines du château.

A l'égard des prifonniers d'Etat qui lui feront confiés, il aura des Porte - clefs ou des domeftiques du dehors gens affectés pour les fervir.

On accordera à chaque enclos de forçats la liberté de nourrir ou engraiffer dans leurs cours un ou plufieurs cochons & même des poulles.

Les femmes auffi bien que les hommes pourront s'occuper à travailler pour leur compte dans leur chambre fur - tout dans les tems où on ne peut pas travailler dehors ; les femmes pourront filer, tricoter ou coudre ; les hommes feront les ouvrages de leur métier, s'ils en ont quelqu'un.

On permettra à des marchands connus d'apporter leurs denrées & de les vendre aux forçats à travers le guichet, ou à la porte grillée & en préfence d'un Guichetier ou Porte - clefs. Ils pourront faire leur marché depuis huit heures du matin jufqu'à dix, afin que pendant ce tems ces pauvres miférables puiffent fe pourvoir par eux - mêmes de tout ce dont ils pourront avoir befoin.

Quand ils auront fait leur recolte, on permettra pareillement aux marchands d'entrer pour acheter leurs grains & cela en préfence d'un officier des gardes, & de deux Archers & du Porte - clefs. Sur le prix de la marchandife, ou retiendra le

droit

droit du gouverneur tel que nous l'avons
fixé plus haut, de même que ce que les
forçats pourront devoir aux boulanger,
boucher, & cabaretier qui auront préfenté
leur mémoire à l'officier.   Enfuite le reftant de l'argent fera partagé entre les dix
plus anciens en préfence de l'officier même pour éviter toute conteftation entre eux.

Toutes les pailles feront apportées dans
les granges que le gouverneur aura hors
de l'enclos pour y être confommées & pour-
ries par les vaches de fes fermiers, qui
au moyen de cela feront tenus de fournir
tous les ans une certaine quantité de fumier & de la voiturer dans les clos où &
quand il leur fera ordonné.

On aura pareillement une blanchifferie
pour tous les habitans de la maifon, laquelle fera conduite par des fupérieurs
particuliers, & où les femmes de force feront l'ouvrage à la corvée.   Il y aura une
taxe très modique fur le linge, & cette
partie fera affermée à un entrepreneur moyennant une fomme au profit du gouverneur.   Chaque forçat payera fon blanchiffage à fes dépens.

On ne fera jamais la barbe aux forçats;
il leur fera même très expreffément défendu
de la couper ni d'avoir des rafoirs.   Ils
auront tous des habits de bure & d'une
couleur diftincte & uniforme qu'ils payeront à un certain prix taxé, & il fera défendu fous peine du cachot d'en porter

d'autres. Ces deux derniers articles feront ordonnés , comme il eſt aiſé de le
ſentir, afin qu'il ſoit plus facile aux Gardes & aux Porte - clefs de les connoître.

Quatre fois le jour on fera la revue des
forçats, en préſence d'un brigadier de
deux cavaliers & d'un Porte - clefs , ſavoir le matin à la pointe du jour dans toutes les ſaiſons, en ouvrant les portes de
leurs cellules; à neuf heures pour le tems
du dîné ; ſur les trois heures de l'après
midi ; & au ſoir avant de les renfermer.
On les renfermera en tout tems un quart
d'heure après le ſoleil couché, afin qu'ils
ſoient en état d'employer mieux la journée au travail.

CHAPITRE V.

*De la corvée que les Forçats ſeroient tenus de
faire.*

La corvée ſera fort rude pour les hommes ; car ils feront obligés de donner
trois forts labours avec la pioche ou la
houe à 500 arpens de terre qui appartiendront au gouverneur, & qui feront dans
l'intérieur de l'enclos.

Il ſera défendu de jamais les laiſſer fortir hors de l'enceinte, ſoit pour fait de
corvée ou pour autre raiſon, qu'il ne ſoit
ordonné par le miniſtere & dénommé ceux

qui feront choifis pour cela ; deforte que fuivant ce calcul chaque homme en aura près de deux arpents & demi pour fa part à labourer. Les hommes mariés fourniront leur contingent de travail auffi bien que les autres ; mais l'ouvrage fera diftribué par enclos proportionnellement ; de maniere que chaque enclos contiendra 25 arpens à labourer trois fois par année. Les femmes feront tenues par enclos à faire tous les autres travaux jufqu'à ce que là maifon foit faite. Ainfi le gouverneur aura le revenu de 500 arpens dont la culture ne lui aura rien coûté. Il tiendra chez lui un intendant qui aura foin de faire faire ces labours en tems & lieu convenables.

Ceux des forçats qui voudront s'exempter du travail de la corvée, quand leur tour fera arrivé, le pourront en payant 10 fols par jour à des ouvriers de dehors, ou quatre fols à leurs camarades qui feront de leur enclos & qui feront furnuméraires ; c'eft-à-dire du nombre de ceux qui n'ont point part au profit. Les femmes payeront moitié moins que les hommes pour faire travailler à la corvée en leur place. Celles qui feront au fervice du château en feront exemptes, & même elles feront nourries & gagneront dix écus de gages par an.

CHAPITRE VI.

De la punition des crimes qui pourroient se commettre dans cette Maison.

Le Gouverneur avec l'Etat-major assemblé, jugera prévotalement de tous les crimes qui se commettront dans l'intérieur de cette maison ; & la moindre punition sera le cachot. On y infligera même la peine de mort selon la nature des crimes. Par ce moyen on contiendra les libertins & les scélérats dans leur devoir. Comme ils feront tous séparés par enclos & par cellules seul à seul, on pourra sans beaucoup de peine les contenir. A la vérité les gens mariés demeureront plusieurs ensemble, puisqu'ils pourront être jusqu'au nombre de 75 par enclos; mais comme on les aura choisis entre les plus dociles, & qu'ils craindront de perdre ce privilege, & d'être séparés d'avec leurs femmes, ce qui arriveroit s'ils manquoient à leurs devoirs & aux regles de bienséance, ils se tiendront sur leurs gardes, & feront plus sages. En effet, ils auront plus à craindre que les autres parce qu'ils auront plus à perdre, ayant au moins chacun deux arpens de terre à leur disposition pour pouvoir mieux nourrir leur famille.

Il faut encore observer que sitôt que les enfans de ces forçats auront atteint l'âge de 6 ans pour les filles & 8 ans pour les garçons, on les retirera de la maison, afin qu'ils ne prennent pas de mauvais principes auprès de leurs peres & meres, & on les fera élever dans d'autres endroits comme on le verra ci-après.

✻✻✻✻✻✻✻✻✻✻✻✻✻✻✻✻✻✻✻✻✻✻✻✻✻

CHAPITRE VII.

Des Revenus que cette maison produira tous les ans à l'Etat-major.

Il y aura premiérement 350 arpens de terre qui seront donnés à cultiver aux forçats pour leur usage, & sur lesquels ils payeront chaque année au Gouverneur 30 livres par arpent, savoir 10 livres pour le loyer, 10 pour les eaux qu'on leur fournira afin d'arroser dans le besoin ces mêmes terres, & 10 autres livres pour 10 charretées de fumier. Ces 30 livres par arpent produiront pour les 350 arpens, 10500 livres. Il y aura bien encore 10 livres par arpent qui seront payés pour les échalats ou perches nécessaires pour ramer les haricots; mais comme cet argent sera employé à l'achat de ces mêmes perches, ou échalats, ce n'est plus un revenu & il ne faut pas les compter.

Il y aura ensuite 500 autres arpens de terre que les forçats cultiveront à la corvée au profit de l'Etat-major, & qui rapporteront l'un portant l'autre chacun 300

livres par année : cet article montera à
150000 livres de revenu; mais comme le
Gouverneur fera obligé de fournir aux
forçats par arpent dix charretées de fumier tous les ans, & d'en mettre auffi une
femblable quantité dans fes terres & jardins, il faudra qu'il y ait un nombre de
vaches affez confidérables pour cela, afin
qu'elles puiffent confommer les pailles &
les convertir en fumiers. Il faudroit
donc pour tous les enclos environ 9000
charretées de fumier tous les ans. De
plus comme il y auroit encore environ
200 arpens de terre labourables hors des
enclos, au profit du Gouverneur & qu'il
faudra auffi à ces terres dix charretées de
fumier par chaque arpent, cela fera près
de 11000 charretées de fumier, mettons
en encore 1000 autres pour les prairies
& luizernieres, c'eft donc en tout 12000
charretées de fumier. Pour pouvoir en
faire cette quantité, il fera néceffaire
d'avoir 600 têtes de gros bétail qui étant
bien nourries & fournies de bonne litiere
donneront chacune 20 charretées de fumier par an. Or comme tout contribue
à former un bon revenu quand on en
fait tirer parti, on aura pour cet effet
400 arpens de prairie favoir 300 de prés
à reguain & 100 de luizernes. Ce fera
autant qu'il en faut pour nourrir 600 vaches, pourvu que, comme nous le fuppo-
fons, les eaux ne manquent pas pour les
arrofements : car c'eft une des principa-

les chofes auxquelles on doit faire attention. Ainfi fuivant notre fyftême, fi
le Gouverneur donne à bail fes vaches,
fes prairies & fes terres labourables hors
l'enceinte, il pourra retirer de fes terres
100 livres par arpent chaque année, & 50
livres de profit pour chaque vache, fans
compter que le fermier fe chargera de lui
livrer 9000 charretées de fumier pour
diftribuer dans fes clos comme nous l'a-
vons dit. Je ne crois pas avoir porté l'évaluation trop haut, confequemment à ma nouvelle méthode de cultiver les terres que
je compte publier inceffamment. En attendant je prie le lecteur de ne pas être furpris de l'eftimation ci-deffus, favoir
que le fermier donnera 20000 livres de
loyer de 200 arpens de terre, & 30000 livres pour le prix de 600 vaches qui feront
nourries des paturages de 400 arpens de prés
ou de luizernes. Il me feroit facile de
prouver toutes ces chofes jufqu'à la dé-
monftration, mais comme ce n'eft point
ici le lieu, nous renverrons ces preuves à
un traité que nous donnerons fur l'Agriculture, voici donc à quoi montent tous nos
calculs des revenus de cette maifon.

1. Pour les droits du gouver-
neur fur les forçats.   10500 liv.

Pour le revenu des terres de
l'enclos y compris les arrofe-
mens le loyer & le prix des fumiers.

N 4

De l'autre part. -	10500 liv.
2. Pour le revenu des autres terres du clos.	150000
3. Pour le bail des terres hors du clos.	20000
4. Pour le bail & revenu de 600 vaches.	30000
fomme totale.	210500

CHAPITRE VIII.

Détail des dépenfes annuelles qu'il y auroit à faire dans les maifons de force tant pour les appointemens de l'État-major & des Gardes que pour la nourriture des prifonniers d'État, l'entretien des bâtimens, &c.

I. Selon notre projet les revenus que nous venons d'affigner feroient employés à toutes les dépenfes tant générales que particulieres, pour l'entretien de ces maifons, & pour les prifonniers comme nous l'avons dit, afin qu'à l'avenir il n'en coûte plus rien à l'État pour cet article : tout jufqu'aux fraix même de voyage pour les prifonniers d'État & les prifonniers de force que l'on améneroit des prifons royales dans cette maifon, feroit pris fur les revenus de la maifon. En fuppofant 200 livres de dépenfe pour conduire chaque forçat dans la maifon de force, & fuppofant encore le nombre des forçats montant chaque

année à 200 par maifon, que l'on y amene-
roit comme on conduit les galleriens, ce
feul article coûtera par chaque maifon de
force 40000 livres par année.   40000 liv.

II. Pour l'habillement de tous
les forçats qui pourront être au
nombre de 900 favoir 300 hommes & 600 femmes à raifon de
10 livres par perfonnes.   9000

III. La nourriture de ceux
qui feront au cachot à raifon de
deux fols par jour, & en fuppofant qu'il y en ait dans chaque
maifon 20; c'eft 30 livres par
jour ce qui revient par année à 10950

IV. La paye de 100 Gardes
ou Archers à raifon de 30 fols
par jour revient par an a   -   54750

V. Pour les appointemens de
deux Capitaines ou Comman-
dans à 6 livres par jour   -   4380

VI. Pour deux Lieutenans à
raifon de 4 livres par jour.   2920

VII. Pour la paye de dix Brigadiers à 3 livres par jour.   10950

VIII. Pour la paye de dix fous-
Brigadiers à raifon de 40 fols
par jour.   -   -   7300

IX. Pour les appointemens du
Lieutenant de Roi.   -   -   1000

X. Pour ceux du Major.   8000

XI. Pour l'Aide-major.   -   3000

XII. Pour le Capitaine des
portes.   -   -   - 3000

N 5

XIII. Pour seize Porte-clefs, savoir 8 pour le service du château, & 8 pour les forçats, à raison de 400 livres par an chacun.   ·   ·   · 6400 liv.

XIV. Pour l'Aumonier de la maison.   ·   ·   · 2000

XV. Pour quatre Prêtres destinés à faire le service pour la maison, à 500 livres pour chacun.   ·   ·   · 2000

XVI. Pour un Médecin en chef.   ·   ·   · 2000

XVII. Pour 2 Chirurgiens à 600 livres chacun   ·   · 1200

Total de la dépense annuelle   ————

180475.

Cette dépense sera prise sur les revenus annuels de la maison qui, suivant notre estimation, montent à 210500 liv. Toute déduction faite il resteroit pour le profit du gouverneur, 30025 livres par année. Mais sur cette somme il y auroit encore à distraire, le tout avec économie. Or comme il retireroit un petit bénéfice sur les prisonniers qui seroient en pension, cela rempliroit à peu près la dépense des bâtimens & celle de la maison particuliere; de maniere que pour le peu que le gouverneur fût soigneux de la culture de ses terres, elles lui rapporteroient de quoi suffire à toutes les dépenses & payer tous les appointemens de la maiſon, après quoi il lui reſteroit encore plus de 30000 livres par an tous frais faits. Par cet arrangement ces maiſons de force une fois établies ſuivant le plan que l'on vient d'en donner, ſuffiroient par elles-même à leur entretien ſans jamais être à charge à l'Etat : ce qui ſeroit d'un grand ſoulagement & un moyen efficace pour corriger les libertins & les malfaiteurs qui troublent le repos public. Ce ſeroit auſſi des poſtes conſidérables qui donneroient moyen de récompenſer d'anciens & bons officiers qui par leur ſervice & leur fidélité reconnue ſeroient propres à les remplir d'une maniere exacte.

J'ai évalué à peu près combien il faudroit dans le royaume de maiſons de cette eſpece, & j'ai remarqué que ce ne ſeroit pas trop d'une pour chaque généralité. Conſéquemment il faut compter en tout ſur 31 maiſons de force que nous pouvons évaluer pour la dépenſe des bâtimens, murs de cloture, acquiſition des terres & améliorations de ces mêmes terres, à raiſon de 250000 livres chacune, parce que nous avons ſuppoſé qu'une grande partie de tous les bâtimens intérieurs à la premiere cloture ſe conſtruiroit à la corvée par des forçats, & qu'ainſi il en coûteroit beaucoup moins pour la main d'œuvre ſuivant ce projet ; cela feroit pour les 31 maiſons la ſomme de 77 millions 500 mille livres de capital qu'il faudroit pour former ce premier établiſſement & lui procurer en même tems les moyens de s'entretenir & de faire face par lui-même à toutes les dépenfes de la façon que nous l'avons expofé. Examinons maintenant comment on pourroit fe procurer ces premiers capitaux.

CHAPITRE IX.

Comment on pourroit avoir des fonds fuffifans pour établir ces maifons de force & contribuer en même tems à la fondation des maifons communes pour les arts & métiers.

En parlant des hôpitaux & autres maifons de charité répandues dans tout le Royaume, nous avons obfervé que leur revenu pouvoit monter tous les ans à plus de 50 millions. Nous avons reconnu auffi que déformais ces maifons deviendroient inutiles au foulagement des perfonnes malades & infirmes, puifque fuivant notre fyftême de fonder de nouvelles maifons d'affociation, tous les malades & infirmes feront foignés, médicamentés & entretenus.

On employera les fonds des anciens hôpitaux à élever tous les ans 12000 enfans trouvés qu'il peut y avoir dans tout le Royaume; & 90000 enfans de pauvres familles indigentes, lefquels peuvent naître tous les ans, ce qui fuivant nos calculs formera une dépenſe de 3 millions pour les enfans légitimes, & environ un million pour les enfans trouvés.

Comme cette penſion leur ſera payée juſqu'à l'âge de 12 ans, il arrivera que la premiere année de cet arrangement on ne payéra qu'environ 4 millions pour les en-fans nés de cette année; par conſéquent ſur les 50 millions, il en reſtera 46 qui ne feront pas employés dans le courant de cette premiere année.

La ſeconde année il naîtra encore de nouveaux enfans qui feront dans le cas d'être penſionnés, ce ſera pour cette année 8 millions d'employés à la penſion des nouveaux nés de l'année & des enfans de la précédente: donc il y aura 42 millions de reſte ſur les 50.

Il y aura pareillement la troiſieme an-née 4 millions pour la penſion des enfans nouveaux nés à ajoûter aux 8 millions de la précédente année, ce qui fera en tout 12 millions à prendre ſur les 50. Ainſi il en reſtera 38 millions à placer.

Il en arrivera de même tous les ans juſ-qu'à ce que les 12 années qui font le ter-me de la penſion ſoient entiérement revo-lues. On aura toujours 4 millions de dé-penſe à ajoûter à celle de l'année précé-dente. Mais comme après la douzieme année on ceſſera de payer la penſion à ceux qui feront parvenus à ce terme, le vuide que cela occaſionnera ſervira à rem-

plir les penſions des nouveaux nés de l'an-
né.

Voilà donc les 12 premieres années de ces
établiſſement & juſqu'à ce que le nombre
des enfans à penſionner ſoit rempli, des
fonds conſidérables de reſte : ſavoir pour la

Premiere année	46000000 liv.
Seconde - -	42000000
Troiſieme - -	38000000
Quatrieme - -	34000000
Cinquieme - - -	36000000
Sixieme - - - -	26000000
Septieme - - -	22000000
Huitieme - - -	18000000
Neuvieme - - -	14000000
Dixieme - - - -	10000000
Onzieme - - - -	6000000
Total -	286000000

Toutes ces épargnes formeront un total de 286 millions, qui n'auront pas été
employés pour les pauvres, mais comme
cet argent vient de leur patrimoine & que
l'intention des donnateurs a été que ce
fût pour eux, l'équité & la bonne politique demandent qu'on en faſſe un emploi qui
tourne à leur avantage. Les maiſons de
force que je viens de propoſer répondent
aſſez à cette idée & ſont deſtinées en partie au ſoulagement des malheureux qui
par une conduite irréguliere ont mérité

l'exil & la prison pour punition de leurs crimes. On ne sauroit donc faire une charité plus méritoire que d'adoucir leurs peines, & c'est ce qui arriveroit en exécutant notre projet.

Les premiers fonds qui seroient employés à établir les maisons de force, doivent être pris dans la réserve ou épargne qu'on auroit amassée sur les revenus des pauvres pendant les 12 premieres années de l'établissement des pensions alimentaires des petits enfans.

Après en avoir ôté 77 millions & demi il resteroit encore 208 millions & demi qui étant un bien appartenant aux pauvres du Royaume, pourroient être distribués convenablement entre toutes les communautés artisannes & marchandes par proportion à leurs fonds, pour leur aider à bâtir les maisons d'association de leurs communautés. Car on doit se rappeller qu'en parlant de l'établissement de ces maisons, nous avons dit que dans les premieres années de leur établissement on loueroit des maisons en attendant qu'il y eût des fonds à pouvoir leur donner pour bâtir des maisons qui leur appartinssent en propre.

Pour les maisons d'association qui seroient faites pour les peuples de la campagne, il n'est pas nécessaire de leur rien fournir, parce que dès l'instant de l'exécution du projet elles seroient établies sur les terreins, & au moyen des fonds fournis par les paroisses associées.

C'est ainsi qu'on devra employer & mettre en œuvre les réserves épargnées sur les revenus des hôpitaux. Les bâtimens des maisons de charité actuelles pourroient en partie servir à loger les nouveaux établissemens des maisons communes des artisans, ou des maisons d'association des marchands. On les prendroit sur l'estimation qui en seroit faite par des arbitres jurés experts en cette matiere, & la valeur tourneroit au profit de la masse générale du bien des pauvres. Par ce moyen ces maisons ne resteroient pas inutiles & en pure perte pour les pauvres.

Il ne nous reste plus avant que de finir ce petit traité sur la population, que de toucher un article qui lui cause un préjudice infini, je veux dire celui des femmes publiques & libertines. C'est un mal qu'il est peut-être impossible d'extirper entiérement, c'est pourquoi on devroit du moins prendre tous les moyens de le diminuer. Nous allons donc proposer à cet effet un projet de réglement pour faire cesser une partie de ce desordre dans l'Etat.

LIVRE DIXIEME.

Des femmes de mauvaise vie.

CHAPITRE I.

Du Libertinage & des femmes de débauche.

Rien n'est si contraire au bonheur d'un Etat, aux bonnes mœurs & à la population, que la licence effrénée des femmes de débauche. Il est étonnant que dans un Etat & sous un Gouvernement aussi éclairé que le nôtre, sur ses véritables intérêts, on puisse négliger de réprimer de pareils désordres & qu'on permette pour ainsi dire un mal qui précipite une infinité de gens de tous rangs dans une affreuse débauche. En effet la licence sur ce point est actuellement parvenue à un tel degré en France, que si bientôt on n'y apporte un remede efficace, il en résultera les conséquences les plus funestes. Cette source de tous les autres vices gagne avec une rapidité très grande & fait des progrès prodigieux: enfin ce vice est presque devenu une affaire de mode.

Pour moi je n'en suis plus surpris, quand je vois que les grands qui par état sont chargés de le détruire, sont les premiers à le protéger, & à le préconiser par leur exemple. Les filles libertines font aujourd'hui décorées du beau nom de maîtreffes. C'eft ordinairement par leur canal que s'obtiennent les graces, les récompenfes, les emplois: ce qu'il y a de plus grave & de plus important eft pour ainfi dire adminiftré par leur voye. Le charme eft fi puiffant qu'il féduit les cœurs les plus féveres.

La vertu n'a plus d'azile, fon crédit eft ignoble; elle eft tombée dans le mépris, & n'eft plus du bon ton, depuis que nos foibleffes ont fubftitué à fa place le vice fous le titre de galanterie. Il eft prefque impoffible d'apprécier les défordres que ce mal caufe dans l'Etat; c'eft une gangrene qui en corrompt les parties les plus faines; le venin fe gliffe dans tous les membres, il gagne toutes les conditions, & jette le corps politique dans une langueur & une affoibliffement tel qu'il devient prefque incapable d'agir, ou ne fait rien que de défectueux.

On peut confidérer un royaume où la corruption regne, comme un corps en délire. Quelle défenfe, quel fecours en peut-on attendre? On peut dire qu'il panche vers fa ruine. Cette réflexion eft fondée fur une férie de conféquences qui réfultent du principe vicieux que j'attaque & qu'on ne fauroit peindre avec des couleurs trop fortes. Mais fans nous étendre fur cette morale générale, entrons dans quelque détail, & examinons les fuites funeftes que cette corruption occafionne dans les particuliers.

Paris & toutes nos grandes villes font actuellement fur le même ton; on n'y voit par-tout que des filles libertines ; le nombre en effraye. Nos filles de théâtre fe font maintenues depuis longtems dans le libre exercice de ce commerce infame. Il fembloit que les magiftrats les favorifaffent particuliérement. Mais aujourd'hui le privilege s'eft étendu; il s'eft formé à la faveur de ces exemples dangereux, quantité de lieux de débauche qui ont prefque acquis par la prefcription le droit d'exercer publiquement un métier fi fcandaleux. L'indulgence qu'on a eue de les tolérer, fans doute dans la vue d'éviter un plus grand mal, eft caufe que ces lieux de débauche fe multiplient tous les jours de plus en plus. Laiffons tous ces objets qui font dignes de notre horreur, & paffons à ce qu'on appelle filles entretenues.

CHAPITRE II.

Des filles entretenues.

Les grands ont donné le ton à toutes les conditions du peuple. Il n'y a pas à préfent dans Paris jufqu'aux domeftiques qui n'en ayent. Les maîtres leur en ont donné l'exemple. Ils fe ruinent pour donner à ces filles tout ce que le caprice & l'avarice leur fait demander ; & les domestiques y dépensent leurs gages & souvent dérobent leurs maîtres pour suffire à cette fureur. Combien n'y a-t-il pas de familles dérangées & réduites dans la misere par ce détestable vice ? Peut-on nombrer les désordres qu'il cause ? Les querelles, les divisions, les séparations dans les mariages ne viennent souvent que de cette cause.

Si les villes ne peuvent pas se recruter d'habitans, c'est à la débauche & au luxe qu'il faut s'en prendre. Les filles libertines sont presque toujours causes que les femmes légitimes les plus vertueuses sont méprisées de leurs maris. Les enfans qui viennent d'un mariage où l'un des deux époux est livré à ce malheureux penchant, peuvent-ils être bien sains ? Le poison mortel qu'ils vont puiser dans des sources impures, corrompt les germes les plus sains. Après cela doit on être surpris de voir un nombre infini d'enfans, victimes innocentes de la débauche de leurs parens, qui traînent une santé languissante pendant une vie courte ?

Paris comme la capitale du royaume est le centre des arts & des sciences ; il l'est devenu aussi du libertinage. Les jeunes gens de province que leurs parens y envoyent, soit pour étudier, pour y apprendre quelque profession, ou pour y faire les exercices propres à les former &

à les rendre utiles par la suite, y sont exposés non-seulement à perdre en amusement les momens précieux de leur jeunesse, mais encore à ruiner leur santé & leur tempérament. Ces misérables créatures qui les séduisent & les débauchent, détruisent tout l'effet des bonnes intentions de ces parens. Elles les ruinent par les dépenses qu'elles leur font faire pour satisfaire à leurs caprices & à leur luxe outré. Rien n'est assez délicat pour leur sensualité ; rien n'est trop rare ni trop brillant à leurs yeux ; rien ne coûte pour assouvir leur soif insatiable, quand elles sont une fois parvenues, à force d'art & de manege, à exciter dans le cœur ces passions effrénées & sans bornes, qu'on ne conçoit que très difficilement & qui seroient peut-être alors excusables, pour des femmes d'un vrai mérite.

Telle est la folie des hommes ; tel est sur leur cœur l'attrait du libertinage, que sitôt qu'ils sont tombés dans les pieges de ce qu'on appelle des femmes galantes, toute leur fortune est en proye à la vanité, à l'orgeuil, & à la prodigalité ou à l'avarice de leurs maîtresses. Les bijoux les plus précieux, les étoffes les plus riches leur sont sacrifiées d'une maniere qui fait honte à la raison. Ces idoles de la foiblesse humaine sont les autels où les fortunes des particuliers sont immolées & se convertissent en fumée. Il n'en reste bientôt à leurs adorateurs que le désespoir d'avoir si mal placé leur culte. L'encens de ces sacrifices répand au loin un air contagieux qui se communique rapidement & attaque les cœurs les plus innocens & les plus purs.

Les filles & femmes entretenues par les seigneurs & toutes les personnes opulentes portent dans le public un poison mortel & donnent des attraits au vice. Comme leur effronterie & plus que tout cela la sottise des hommes leur a laissé usurper un tel pouvoir que souvent même on est comme forcé par son propre intérêt de solliciter leur crédit, on s'est accoutumé peu à peu à les voir & à les souffrir. La vue de leur opulence porte des atteintes bien dangereuses à l'innocence des jeunes filles & des femmes mariées. Leur air libre & immodeste orné de tout ce que l'art & la parure peuvent ajouter à leurs attraits, excite d'abord l'envie. On sait qu'elles ont des charmes, qu'elles plaisent, & qu'elles sont à la mode : c'en est assez pour qu'on les prenne pour modeles. On commence par les imiter dans leur extérieur. Mais le poison se glisse avec rapidité ; il faut de grandes ressources pour suffire aux dépenses qu'entraîne cette vie qui paroît délicieuse. Le dérangement présente ces ressources, & peu à peu on banit les scrupules, & on finit par leur ressembler en tout. Ce tableau fait gémir les gens de bien ; mais il est vrai. Plus il offre d'idées affligeantes, plus on doit sentir la

néceſſité d'une réforme prompte & efficace.

La vraie origine de ce vice eſt l'oiſiveté dans laquelle languit la plus haute
nobleſſe, depuis que par des raiſons de politique on a jugé à propos de l'attirer à la
Cour & dans la capitale. Le luxe y eſt
dans ſon centre. Le libertinage eſt venu à
ſa ſuite. L'un & l'autre ont fait des progrès, peu ſenſibles d'abord, mais qui à meſure qu'ils ont acquis des forces, ſont devenus plus rapides & ſont arrivés au point
que ſi on n'y apporte promptement remede, ils s'empareront généralement de tous
les ordres de l'Etat. On voit déjà que la
plus part des hommes préferent cette vie
licentieuſe & commode à celle du mariage.

Si on n'avoit dans les grandes familles la
précaution de marier les jeunes gens de
très bonne heure, les garçons au ſortir du
college & de l'Académie, & les filles dès
qu'elles ſont nubiles, on ne verroit preſque plus dans cette claſſe de ſujets de l'E-
tat, que très peu de ſociétés conjugales: &
même quelques ſoins que les parens y ap-
portent, quels fruits en retire-t-on? Dès
que ces jeunes gens jouïſſent de leur entiere liberté, & lorſqu'ils ont à peine quelques enfans, ils ſe livrent à tous les genres d'excès. Auſſi eſt il rare de voir dans
les maiſons des grands une poſtérité nom-
breuſe. Un ou deux enfans tout au plus;
voilà tout le fruit de ces mariages: enco-

re y a t-il peu d'efpérance à fonder fur ces enfans, tant ils font foibles, délicats & d'un tempérament vacillant : preuves non équivoques du mauvais état de la fanté des peres & meres.

Le peuple finge des grands & des riches marche auffi fur les mêmes traces & fuit de fi mauvais exemples, foit par amour pour le fafte, par dépravation, ou même par mifere. La plus part ne fe marient plus que par convenance, & pour laiffer après eux des héritiers légitimes ; à l'égard de l'union & de l'amour des époux, on n'y fait prefque plus d'attention & c'eft un tré-for difficile à rencontrer depuis que le libertinage & le dérangement ont étendu ici leur empire.

Il eft temps que le gouvernement étende férieufement fes vues fur cet objet, & qu'il prenne de juftes mefures pour ter-raffer ce monftre odieux qui fait plus de tort à la population, que ne lui en ont fait les guerres civiles. Un des plus grands politiques du monde, Sixte V, lui fit une guerre violente & parvint à le bannir de Rome où il étoit monté au plus haut degré fous les regnes précédents. Pourquoi le confeil de notre monarque ne feroit-il pas auffi prudent & auffi fage que celui de ce grand Pape. Paris & toutes les grandes villes du royaume exigent bien autant de réforme que Rome en avoit befoin alors. D'ailleurs nous avons vu fous le regne de Louis XIV exécuter une entreprife auffi difficile.

La fureur des duels étoit parvenue à
son comble & causoit à l'Etat un préjudice
considérable. Cette passion avoit gagné
des grands jusqu'au commun des officiers;
c'étoit la fureur à la mode. Louis XIV
avec des soins & un peu de sévérité est
parvenu à la dompter, au moins à la modé-
rer: car la soif du sang & de la vengean-
ce est un monstre qu'on n'étouffe pas.

Les duels faisoient tort à la population
en nous privant de quantité d'excellens
sujets. Mais le libertinage est encore
plus funeste, puisqu'il en fait périr des
millions en empêchant la propagation de
l'espece. Le duel du moins animoit le
courage & faisoit mépriser les dangers.
Au contraire le commerce des femmes
galantes amolit & énerve les hommes.
Ce sont autant de motifs de plus à engager le législateur à le déraciner de ses Etats.
Des motifs aussi puissants seront-ils sans
force & n'opéreront-ils rien en faveur du
bien de l'Etat?

C'est un mal, il est vrai, me dira quelqu'un, mais il tient à tout. Il est devenu
presque nécessaire. Comment s'opposer
au torrent & réformer la conduite des
grands seigneurs & des personnes les plus
importantes? Cette objection n'a rien que
de spécieux, comme un fantôme que l'i-
magination grossit; elle n'est forte que
parce qu'on la croit telle. Si on vouloit
y réfléchir on verroit qu'il y a des sûrs moyens pour en venir à bout, sans heurter

trop les malheureux ufages qu'on oppofe & auxquels tous les hommes fe font livrés avec une fureur aveugle. Les libertins les plus décidés approuveroient mes idées, fi on les confultoit. Il faudroit fur-tout que la loi fût ferme & générale. Je vais propofer quelques articles d'un reglement qui, s'il avoit lieu dans ce royaume, feroit capable de ramener les chofes au point où les defirent tous les gens de bien qui aiment véritablement la patrie. C'eft au public de juger de l'effet qu'il produiroit; en tout cas je me flatte que la pureté de mes intentions lui paroîtra digne de fon eftime.

CHAPITRE III.

Projet de réglement au fujet des femmes publiques & des filles entretenues.

I. A Paris & dans les grandes villes du royaume, il y aura des lieux deftinés à loger les femmes publiques: ces maifons au nombre de 40 pour Paris & à proportion pour les autres villes, feront compofées de dix perfonnes chacunes prifes de bonne volonté, d'entre les filles libertines: elles feront placées hors de la ville aux extrémités des fauxbourgs. Chacune fera gouvernée par une fupérieure du même genre, & il n'y aura qu'une feule entrée, &

à quelque diſtance de-là il y aura un corps de garde du guet pour veiller à ce qu'il ne s'y commette aucun déſordre. Toute perſonne y ſera reçue en payant la taxe qui ſera réglée par la police.

II. La ſupérieure de ces maiſons ainſi que toutes les filles qui lui ſeront ſubordonnées, ſeront obligées ſous des peines afflictives de porter un habit d'une couleur & d'une façon uniforme telle qu'elle leur ſera ordonnée. Si elles ſont priſes hors de leurs maiſons, en quelque endroit que ce ſoit, ſans l'uniforme de leur état, elles ſeront renfermées dans une maiſon de force pour y reſter toute leur vie, ou juſqu'à ce qu'elles aient mérité la liberté par leur travail, comme nous l'avons déjà dit en parlant des libertins & des maiſons de force.

III. Hors ces maiſons, toute femme de quelque qualité & condition que ce ſoit, qui ménera une vie ſcandaleuſe, qu'on ſurprendra dans le déſordre & dont le voiſinage aura déféré la mauvaiſe conduite au magiſtrat, avec preuve, ſera en vertu d'une ſentence de Police confirmée par arrêt du Parlement, renfermée pour toute ſa vie dans une maiſon de force, à moins qu'elle ne ſoit dans le cas de mériter ſa liberté par ſon travail, comme il a été dit ci-deſſus.

IV. Toute fille ou femme, quelle qu'elle puiſſe être, qui ſera convaincue d'avoir arrêté les paſſants en plaine rue, pour les ſolliciter à la débauche ſera renfermée pareillement dans une maifon de force.

V. Les filles qui feront entretenues par quelques perfonnes que ce foit, feront tenues d'en aller faire leur déclaration au bureau de la Police, & ne pourront changer de demeure fans en donner avis au même bureau dans l'efpace de trois jours, fous peine d'être renfermées dans une maifon de force pour pareil tems que les autres. Il en fera de même fi elles entretiennent un commerce commun avec plufieurs hommes à la fois.

VI. Les filles & femmes entretenues feront tenues de porter un ruban flottant fur l'épaule gauche pour marque de leur état; & fi elles font trouvées dans les rues, les promenades, ou les lieux publics, fans cette livrée diftinctive, elles feront renfermées dans les maifons de force, jufqu'à ce qu'elles aient gagné par leur travail de quoi fe racheter.

VII. Toute fille entretenue payera tous les ans en forme de capitation, 100 livres au bureau de la Police; & faute par elle de payer cette fomme, elle y fera contrainte par faifie & vente de fes meubles & effets jufqu'à concurrence du montant de cette taxe & des fraix.

VIII. La Police prendra connoiffance de toutes les dettes que ces fortes de femmes feront, foit pour loyers ou nourritures, & les contraindra au payement par la voye de faifie de leurs meubles, & même par emprifonnement, faute de folvabilité.

IX. Toute fille qui fera furprife dans le libertinage avec un homme ou plufieurs, fans avoir auparavant fait au bureau de la Police une déclaration de fon état & de celui par qui elle eft entretenue, fi elle eft déférée à la Police, fes meubles & effets feront confifqués au profit du Roi après fes dettes payées, & elle fera confinée dans une maifon de force.

X. Toute femme ou fille qui par fon libertinage & fes mauvaifes manœuvres aura donné lieu à quelque batterie, où il y aura eu quelqu'un de bleffé, ou qu'elle aura induit les jeunes gens aux vols chez leurs parents ou chez d'autres perfonnes, fera renfermée dans une maifon de force; & il ne lui fera fait aucune grace, s'il y a eu quelqu'un de tué, ou qu'on l'ait trouvée nantie de quelques effets volés.

XI. Les hommes, jeunes ou vieux, de quelque qualité & condition que ce foit, qui infulteront ces femmes ou filles, ou qui leur feront quelques violences feront punis par la prifon pendant fix mois pour la premiere fois. En cas de récidive ils feront renfermés dans la maifon de force, où ils travailleront jufqu'à qu'ils aient mérité leur liberté par leur travail, fuivant les loix de ces maifons; & dans ce cas il fera pris fur leur biens 300 livres d'amande en vers le Roi & pour payer les frais de capture & autres.

XII. Il fera défendu fous de pareilles peines de s'oppofer à l'exécution des ordres que la Police aura donné pour arrêter les perſonnes qui feront dans le cas de la repréhenſion.

. On nous objeĉtera peut-être que le clergé s'oppoſera à ce que la Police permette des lieux publics de débauche, & que ces filles & femmes foient nottées publiquement, par une marque qui les défigne; mais nous avons pluſieurs exemples d'un pareil réglement. Rome peut bien nous fervir de modele à cet égard. En Alface les filles qui ont manqué à leur honneur portent une coëffure différente des autres. Le clergé ne s'oppofe pas à la tenue des comédiens & comédienes. Chacun fait cependant quelle eſt leur conduite. Ils font excommuniés: hé bien, à la bonne heure, qu'on excommunie de même les perſonnes qui font affichées pour leur proſtitutions. Elles le méritent à tous égards.

Que l'on faſſe attention qu'en voulant tolérer le vice fous une apparence décente comme il l'eſt aĉtuellement en France, c'eſt ne vouloir pas réellement le déraciner. Au-lieu qu'en reſtreignant les femmes de débauche à un certain nombre fixe & les obligeant à porter une marque diſtinĉtive, & diffamante, c'eſt lui donner un coup mortel, beaucoup plus fenfible que fi on vouloit les expulfer entiérement tout d'un coup. Il y a long-tems qu'on eſt dans l'idée que ce feroit une entreprife fort dangereufe. Suppofons néanmoins

qu'on les chaſſât abſolument, il y en auroit toujours un grand nombre qui écha-
peroient à la vigilance des magiſtrats les
plus exacts. D'ailleurs ſi on ſe contentoit
de renfermer ces filles dans des maiſons
de force, à meſure qu'on en decouvriroit,
comme je l'ai propoſé ci - deſſus, ces filles
n'étant plus ſous les yeux du peuple, on
ne ſe feroit pas une idée aſſez forte de
leur châtiment; au lieu qu'un petit nombre de femmes ainſi diffamées publiquement qui porteroient par tout des marques de leur oppobre, ſeroient un exemple frappant qui offriroit perpétuellement
l'horreur de la débauche, & ſeroit capable d'en détourner quantité de perſonnes
qui ſans cela ſe livreroient inſenſiblement
à cet indigne métier.

Rien n'eſt ſi fort que le préjugé ſur
l'eſprit du peuple. Les jeunes gens eux-
mêmes n'oſeroient s'afficher ſi impudem-
ment; & les plus déterminés rougiroient
de paroître avec une telle femme. Bientôt
on verroit renaître les bonnes mœurs:
car quoique la Police le permît, perſonne ne voudroit avoir ſur ſon compte une
fille qui porteroit la livrée du libertinage. Au contraire ſi on ne les note pas
ainſi & qu'on ſe contente de les défen-
dre, quelques peines que l'on ajoute à la
défenſe, on pourra peut-être en diminuer un peu le nombre; mais il y en auroit toujours une grande quantité, parce

que toutes se flatteront de ne pas être connues.

Si on avoit quelque tolérance en faveur des grands seigneurs qui voudroient avoir des maitresses, ce seroit assez pour avoir bientôt une tolérance générale; & le mal deviendroit plus grand qu'auparavant. Depuis les plus grands jusqu'aux plus petits, il y a des nuances imperceptibles qui se succedent par gradation. Comment s'y prendroit-on alors pour ne pas choquer quelqu'un. Mais dès que par une loi générale toutes les filles entretenues auront une marque qui les fera connoître pour telles, & qu'elles payeront tribut à la Police, on sera en droit de les traiter toutes de même sans distinction, de punir celles qui ne se feront pas déclarées, & de les faire arrêter.

CHAPITRE IV.

Avantages qui résulteroient de l'exécution de ce Réglement.

On peut appercevoir sans peine que si tous les réglemens que nous proposons pouvoient une fois être adoptés & avoir lieu, ce seroit un moyen efficace pour réprimer en grande partie le libertinage & la débauche. Les hommes trouvant

moins

moins d'occafions de fe déranger, vi-
vroient d'une maniere plus décente. La
paix renaîtroit dans les ménages dont ce
vice l'avoit chaffée. Les garçons ne pouvant pas fatisfaire avec autant de facilité
leur paffion pour les femmes, fongeroient
férieufement à former des établiffemens
folides & convenables. Les honnêtes filles
fe marieroient, & trouvant dans l'état du
mariage un fort affuré, & une reffource
pour remplir le vœu de la nature, fe con-
duiroient déformais de maniere à mériter
la recherche des jeunes gens. Les familles
fe multiplieroient dans toutes les conditions. Cela donneroit des fujets à l'Etat;
& les villes où l'on voit l'efpece diminuer
de nombre de jour en jour, deviendroient
peuplées par leur propres citoyens; Il ne
feroit plus néceffaire que les campagnes les
recrutaffent à leurs dépens.

Les femmes & filles libertines qui auroient affez de baffeffe pour fe livrer à
cette infame profeffion, comme elles feroient diftinguées de maniere à ne pas
pouvoir cacher la honte de leur état, loin
de caufer la moindre tentation, feroient
l'objet du dernier mépris, & regardées avec
horreur.

Les jeunes filles ayant fous les yeux
des créatures ainfi diffamées, ne fongeroient plus à ces vains attraits dont elles
fe laiffent féduire la plus part fans en pénétrer les conféquence.

Les jeunes gens qui aujourd'hui affectent de paroître publiquement avec leurs maîtreſſes, ſeroient alors au deſeſpoir qu'on ſût qu'ils en euſſent une.

On ne verroit plus le vice avec cette hardieſſe & cette effronterie qui lui ſont particulieres, ſolliciter juſque dans les cabinets des miniſtres pour en obtenir des penſions, des charges & des emplois. La vertu ne tarderoit pas à reprendre ſes anciens droits, & protégeroit ſes amis qui ſont abandonnés. Les places ſeroient occupées à l'avenir par des ſujets capables, choiſis pour leur mérite, qui feroient en même tems l'ornement & l'avantage de l'Etat.

Toute la ſociété en recevroit un bien infini : les bonnes mœurs éclipſées depuis longtems brilleroient avec tout leur éclat. L'équité & la droiture reviendroient à la mode parmi les hommes, ſitôt que le libertinage en ſeroit banni. Les peres & meres ne donneroient plus tant de mauvais exemples à leurs enfans ; & n'ayant plus les occaſions de ſe déranger, ils s'occuperoient du ſoin important de bien élever leur famille. Loin de diſſiper leur fortune comme on les voit faire aujourd'hui, ils travailleroient au contraire à l'augmenter par leur éconnomie & par toutes les voyes honnêtes & louables.

Par une ſuite néceſſaire on verroit paroître une infinité de nouveaux ouvrages qui feroient fleurir les ſçiences, les arts & le commerce. La nobleſſe même ne deviendroit pas efféminée comme elle l'est actuellement. Les hommes en général étant moins dissipés & n'ayant plus autour d'eux ces objets séduisants qui les perdent, s'appliqueroient sans doute davantage à l'utile, & se rendroient à l'envi dignes de remplir les différens postes de l'Etat. Les arts, les sciences & le commerce redeviendroient autant d'occupations honorables ; chacun selon sa naissance, son goût & ses talens, s'appliqueroit à la partie que lui conviendroit le plus. Nos troupes ne seroient pas les dernieres à ressentir les bons effets de cette réforme. En un mot on peut se flater que tout par ce moyen rentreroit dans le bon ordre.

Mais auparavant que de pouvoir entreprendre un ouvrage de cette importance, il faudroit avoir fait construire ces maisons de force pour y renfermer les libertins pour toujours, ou du moins jusqu'à ce qu'une longue pénitence ait apporté de grands changemens dans les sujets corrompus qu'on y séquesterroit de la société.

Les sommes que, d'après le réglement ci-dessus, on retireroit tant des filles entretenues que de celles qui habiteroient les maisons publiques, serviroient à payer les frais d'une garde nombreuse dans les villes, pour veiller exactement à l'exécution des réglemens; mais en même tems on tiendroit la main à ce que ceux qui se laisseroient corrompre & qui malverseroient dans leurs poftes, fuffent fujets au même châtiment que les libertins qu'ils auroient fous leur infpection.

Telle devroit être l'exactitude de la police dans Paris & dans tout le refte du royaume. Il n'eft pas douteux que d'abord on feroit obligé d'en renfermer beaucoup. Mais une correction auffi févere ne tarderoit pas à produire les meilleurs effets.

Dans l'état actuel où eft la police à cet égard, on fait que le magiftrat fait faire de fréquentes vifites; que fur la moindre plainte on renferme les femmes débauchées & les libertins. A quoi leur fert une punition de trois ou de fix mois? Ont-ils eu le tems de faire une affez longue pénitence de leurs débordements? Au bout de ce tems on les élargit & on leur donne la liberté. Quel ufage veut-on que ces miférables créatures en faffent? La plus part n'ont aucun métier, aucun talent. Elles fortent de la maifon de correction fans argent pour pouvoir fubfifter; ainfi elles font prefque néceffitées à recommencer le même genre de vie.

Il n'en feroit pas de même fuivant notre plan. En les mettant au travail pénible de la terre, elles y font condamnées jufqu'à ce qu'elles ayent non-feulement fourni à leurs befoins journaliers, mais encore amaffé une fomme d'argent raifonnable pour acheter leur élargiffement, qui eft de 1000 livres pour les hommes & 500 livres pour les femmes. Avec cet argent en réserve qui eſt le fruit de leur peines, elles pourront s'établir & vivre d'une façon décente. Ayant acquis l'habitude du travail, il ne leur fera plus difficile de gagner leur vie, ſi elles ſont devenues ſages. Comme tout cela ne pourra ſe faire qu'après un temps de retraite fort long, le feu de leur jeuneſſe qui étoit la cauſe en partie de leur déſordre aura eu le tems de s'amortir, & elles ſe corrigeront autant par l'effet de l'âge que par celui de la correction.

Il ne peut pas y avoir de châtiment plus convenable que celui que nous propoſons dans nos maiſons de force. Par ce moyen les libertins & les criminels ne feront plus à charge à l'Etat. Au contraire ils y feront utiles dans cette partie : car leurs travaux quoique renfermés ne laiſſeront pas que de produire beaucoup. Qu'on réfléchiſſe un peu ſur le mérite de ces deux établiſſements, & l'on verra bientôt combien l'Etat doit en retirer d'avantages réels.

Conclusion *de cet l'Ouvrage.*

La chute & la décadence de tous les empires qui ont fait la plus grande figure dans le monde, eſt venue du luxe & de la molleſſe de leurs habitans. Nous ne croyons pas que le ſyſtême de notre gouvernement puiſſe jamais réduire la France dans cet état déplorable; les peuples y jouïront de toutes les commodités & de tous les agrémens de la vie, fans jamais tomber dans l'oifiveté & la molleffe en fuivant les réglemens & les principes que nous avons pofés pour faire fleurir l'agriculture & le commerce. Il eft vrai que les premiers d'entre le peuple fe trouveront réellement dans une abondance & une richeffe capable de les efféminer; mais il y aura plus des trois quarts & demi de la nation, qui feront bien éloignés de cet état de fortune propre à corrompre le cœur par cette oifiveté honteufe qui ouvre la porte à tous les vices. Les peuples qui feront deftinés par état à la culture des terres, à l'exercice des arts méchaniques, & à la profeffion des armes, feront dans une raifonnable aifance, fans pouvoir, pour ainfi dire, franchir ces bornes pour paffer à la fortune, fi ce n'eft dans des cas très rares où quelques particuliers pourront s'élever au-deffus de leur état à force de talens, ou par une valeur extraordinaire.

Comme le prix de la journée de travail des ouvriers en quelque genre que ce foit, fera pour ainfi dire, taxé plus ou moins haut felon l'habilité, & que ce prix fera invariable ainfi que celui des denrées *, on ne verra rien fe déranger jamais à cet égard. L'homme du monde le plus laborieux, & le plus adroit ne pourra jamais dans tout le tems de fa force amaffer affez de bien, pour ceffer de travailler le refte de fa vie.

* Voyez *Vues politiques fur le commerce des denrées.*

Les arts, le commerce même, tout fera borné; ce ne fera plus que l'Etat en général qui fera les grands gains, & ils feront répartis également & au prorata, entre tous les intéreffés. Ils ne feront plus le partage d'un feul ou d'un petit nombre; plus de monopole, comme il n'arrive que trop communément aujourd'hui, au grand defavantage du commerce, & par conféquent du corps de la nation.

Pour que cet ordre fi admirable en lui-même puiffe fe foutenir & ne fouffre jamais aucune altération, nous avons pofé un principe fondamental ce font les penfions accordées jufqu'à un certain âge, aux enfans du bas peuple, de la nobleffe peu aifée, & de la bourgeoifie qui n'auront pas un certain revenu fixe pour vivre, & qui exerceront les uns l'agriculture & les arts méchaniques, & les autres la profeffion des armes. Ces penfions les engageront tous à fe marier pour avoir une nombreufe poftérité, puifque l'Etat les payera, pour-ainfi-dire, à cette intention. Ces enfans multipliés ainfi augmenteront toujours de plus en plus le nombre des citoyens; & comme ils partageront entre eux la fucceffion de leurs peres, il arrivera de-là que jamais aucune de ces familles ne pourra parvenir à poffédér affez de bien, pour lui faire changer fon genre de vie.

Il n'y aura que les récompenfes que l'Etat accordera au mérite diftingué & à

la valeur finguliere de quelques particuliers, qui pourront en élever quelques-uns
au-deffus de leur fphere & les mettre en
état de vivre, fans exercer aucune des
profeffions qui font effentielles à nos befoins généraux & à la deffenfe commune
de la Patrie. Mais comme la claffe du
peuple qui fera dans le cas d'être penfion-
née, fera très fertile & très prompte à multiplier, elle nous fournira toujours affez
de fujets. S'il arrive que la vertu & le
mérite en éleve beaucoup à une claffe fupérieure, il arrivera auffi que quantité de
familles opulentes dégénéreront peu à peu
& defcendront par leur faute dans l'abaif-
fement de la claffe inférieure, & feront
dans le cas d'obtenir la penfion pour leurs
enfans.

Du refte les commerces fcandaleux étant
bannis de la fociété, par les reglements que
nous avons indiqués à ce fujet, les perfonnes opulentes feront obligées de fe marier,
auront des enfans; ce qui peuplera leur
claffe, divifera leurs fortunes, & les
tiendra toujours en haleine pour le travail
qui feul les maintiendra dans l'état fupérieur.

La maifon de force & les correction,
par le travail auquel feront condamnés les
libertins, & la punition qu'ils encourront
par la perte de leur rang de nobleffe, do
bourgeoifie, ou d'artifant pendant deux
générations, fera plus capable de les tenir
dans le devoir que ne font préfentement

les loix les plus rigoureuses, même celles qui emportent peine capitale. Les points de vues qu'offrent ces réglemens, assurent au gouvernement une solidité à toute é-preuve, qui ne pourra jamais être ébranlée par qui que se soit.

Tous les peuples de la France unis d'in-térêt, seront à jamais dans l'aisance sans être trop opulents. Il n'y aura que le Souverain & l'Etat pris en général qui se-ront riches & puissants. Par ce moyen la France se trouvera à l'abri de toute insul-te, & se rendra redoutable, lorsqu'elle saura se contenir dans ses limites. Tou-tes les pieces de ce nouveau système de gouvernement se trouvent enchaînées les unes aux autres d'une maniere si simple & si naturelle, qu'il seroit presque impossi-ble de les désunir : c'est ce que nul poli-tique n'a pu imaginer jusqu'à présent.

Fin du second & dernier Tome.

TABLE

RAISONNÉE

DES ARTICLES.

TOME PREMIER.

LIVRE PREMIER.

*Des Abus qui se sont glissés dans les diffé-
rentes branches de l'Administration & des
divers Moyens proposés jusques-ici pour y
remédier.*

CHAPITRE I. *Introduction.*   page 1.

Un peuple ne sauroit manquer d'être heureux, si sous un ciel pur & sain, il habite u-
ne terre fertile, capable de fournir abondamment à toutes les nécessités & commodités
de la vie, & si plein d'ardeur, de goût, d'in-
dustrie & de force pour le travail, il a le bonheur de vivre sous un gouvernement attentif à
profiter de tous ces avantages & de ceux que
lui fournissent le génie, les loix, même les pré-
jugés de la nation, pour entretenir dans le
corps politique, ce juste équilibre, cette mutuelle correspondance des diverses conditions,
qui les fait toutes fleurir. Quelle douce conso-
lation pour le présent, & quel heureux présage

pour l'avenir, de voir le Miniftere François occupé, dans le temps d'une guerre malheureufe, à remédier aux abus de l'ancienne Adminiftration fur l'objet principal dont il s'agit ici, l'agriculture & la population!

CHAP. II. *Réflexions générales fur les différens projets ou fiftémes propofés jufques-ici pour réformer les abus qui fe font introduits dans toutes les parties du gouvernement, avec un expofé fimple des vues de l'auteur.* pag. 7.

Lorfqu'on fe propofe de faire quelque changement dans l'Adminiftration publique, la premiere précaution qu'il faut prendre pour fe faire écouter, c'eft de ne point choquer les mœurs, le goût, les maximes d'une nation: & c'eft à quoi il ne paroît pas que ceux qui jufques-ici ont propofé des projets de réforme en France, aient eu affez d'égard. Ils femblent encore avoir négligé l'abus le plus confidérable qui puiffe fe gliffer dans la fociété politique, la confufion des rangs & des conditions. Ce desordre eft celui auquel on cherche particuliérement à remédier par les vues économiques développées dans cet ouvrage.

CHAP. III. *Quels rapports il doit y avoir entre les parties effentielles du gouvernement.* • • • • 14.

Ces différentes parties font l'agriculture, le commerce intérieur & extérieur, les finances, les forces de terre & de mer, & par deffus tout la population. Si l'agriculture languit, tout le refte languit avec elle : la difette des denrées de premiere néceffité porte un coup mortel à tout l'État. Sans induftrie point de commerce, & réciproquement fans commerce point d'induftrie, point de travail, point d'agriculture, point d'hommes. La malverfation dans les finances arrête auffi tout le jeu de la machine politique : le trop & le trop peu d'efpeces portent un égal préjudice au progrès de la culture des terres, des arts & du commerce. Dans le premier cas, le cultivateur, l'artifte & le négociant ne font rien, parce qu'ils ont de l'argent : dans le fecond, ils ne font rien encore, parce que leur travail leur feroit à charge, ils ne trouveroient point d'acheteurs. L'agriculture, les arts & le commerce fleuriffent fous les aufpices des forces de terre & de mer qui les protegent. Enfin fans bras tout le refte eft à peu près inutile. Telle eft la mutuelle correfpondance de toutes ces parties de l'adminiftration, que l'une ne peut pas être négligée fans que toutes les autres n'en fouffrent plus ou moins.

CHAP. IV. *Des défauts de la politique actuelle par rapport à l'agriculture.* pag. 19

Parmi les terres du Royaume les unes font mal cultivées, les autres reftent en friche, double mal. Le premier vient de ce que l'agriculture eft abandonnée ou à des gens groffiers qui faute d'intelligence ne favent pas tirer affez bon parti de leurs terres, ou de l'avidité de certains cultivateurs qui remplacent les denrées de premiere néceffité par des productions du fecond ordre, mais d'un plus grand rapport, fans fe mettre en peine fi le terrein eft plus propre aux unes qu'aux autres. Pour y reméier il faudroit par de bons réglemens confacrer chaque terrein à l'efpece de production qui lui convient le plus.

Les terres incultes le font fouvent faute de bébouché pour la confommation des denrées: voyez s'il ne feroit pas poffible de pratiquer des canaux d'une riviere à l'autre, & de rendre navigables quantité de petites rivieres qui ne le font pas; vous faciliterez le tranfport des denrées.

CHAP. V. *Des défauts qui fe préfentent par rapport au commerce tant intérieur qu'extérieur.* . . pag. 24

Il y a trop d'artifans & de marchands en France, c'eft ce qui ruine le commerce. Les vues de réforme que l'on propofera dans la fuite fur cet objet, font très importantes & neuves à plufieurs égards.

CHAP. VI. *Des défauts du gouvernement par rapport aux finances.* . 27

Le plus grand mal eft que le récouvrement des revenus de l'Etat fe fait à trop grands fraix, & occupe un trop grand nombre de citoyens qui feroient plus utilement employés ailleurs. Il arrive de-là que le peuple fupporte dans la partie des impôts un furcroît de charge dont l'Etat ne profite point. Les charges font grandes, & l'Etat n'en a pas plus de quoi fournir à fes befoins: le Domaine s'engage & on eft toujours moins en état de le retirer. S'agit-il d'entreprifes, l'Etat fait des avances, & tout le bénéfice refte pour quelques particuliers. L'Etat emprunte, & il emprunte à de gros intérêts qui le minent. Voir le vice, c'eft en voir le remede.

CHAP. II. *Des forces de terre & de mer.*
pag. 30

La paye de l'officier & du foldat n'eft pas affez forte, & la fituation actuelle des affaires ne permet guere de l'augmenter: il femble que l'Etat manque de reffources de ce côté-là. Mais un plus grand vice, c'eft que les milices & les recrues fe tirent de la claffe des citoyens qui a le plus befoin d'hommes, & qui en a le moins, proportionnellement aux autres conditions, favoir de la claffe des Laboureurs.

CHAP. VIII. *Défaut du gouvernement par rapport à la population.* • 33

Aucun établiffement n'a en vue le bien public de la population: perfonne n'eft chargé fpécialement d'y veiller: point de fyftême reçu pour favorifer les fociétés conjugales, ni pour prêter des fecours aux familles nombreufes furchargées d'enfans.

Les grandes villes, les communautés religieufes, l'état militaire, la marine, les grandes maifons, voilà autant de précipices qui engloutiffent l'efpece humaine & ne lui permettent pas de fe perpétuer.

CHAP. IX. *Récapitulation de tous les articles précédens.* • • • 34

LIVRE SECOND.

Moyens généraux de recruter les peuples de la campagne.

Le luxe eft véritablement nuifible à la population, dans l'état préfent des chofes, les terres du Royaume reftant en friche ou n'étant pas fuffifamment cultivées. Mais fi ces mêmes terres étoient mifes en valeur, le luxe & les arts qu'il fait fleurir pourroient venir à la fuite de l'agriculture pour occuper plufieurs claffes des citoyens, & alors loin de nuire à la population, il y contribueroit, comme moyen de fubfiftance pour plufieurs.

Le luxe, fuppofé un mal, eft à préfent un mal néceffaire: il ne faut donc pas fonger à l'extirper, mais plutôt à en tirer le meilleur parti que l'on puiffe, à empêcher fur-tout qu'il ne dépeuple les campagnes; à divertir les paffions des grands & des riches, par des frivolités faftueufes, & à faire fubfifter le peuple artifan.

L'introduction du grand luxe a attiré une grande quantité des peuples de la campagne dans les villes; mais la levée des milices par le fort, & les corvées exhorbitantes dont on surcharge les paysans pour la réparation des chemins royaux, en ont contraint un bien plus grand nombre d'abandonner la culture des terres pour se faire artisans ou domestiques. Le nombre des laboureurs est peut-être à l'égard des autres professions comme deux à vingt : & il diminue encore continuellement. Chaque année de guerre enleve à la campagne 25 à 30 mille hommes d'extraordinaire, c'est-à-dire indépendamment de ceux que la classe des paysans fournit continuellement aux villes pour y recruter toutes les autres classes du peuple. Ainsi une guerre de cinq à six ans fait un vuide dans les campagnes de près de 180 mille familles. Il n'y a qu'un bon réglement pour la milice du royaume qui puisse prévenir la dépopulation qui en résulte.

CHAP. III. *Projet d'un nouveau Réglement pour la milice du Royaume.* . pag. 53

On propose un Réglement, ou une déclaration, qui consiste en quatre articles principaux, qui regardent ceux que l'on doit soumettre au sort de la milice & ceux que l'on doit en exempter : ici tout est en faveur de ceux qui travaillent à la terre, au contraire de ce qui se pratique aujourd'hui. On y traite successivement des laboureurs, fermiers, vignerons & de leurs domestiques, des domestiques de la noblesse & autres, comme ceux du clergé & des gens en charge ; des communautés de métiers, maîtres, fils de maîtres, & garçons ouvriers ; des enfans de la bourgeoisie, & de ceux dont les peres ont servi dans les troupes en qualité d'officiers ou qui y ont actuellement quelques-uns de leur pro-

pre

pre famille; enfin des habitans des villes capitales qui font en jouiſſance de l'exemption de
la milice, laquelle exemption ne doit point s'é-
tendre aux étrangers qui s'y retireront, à moins
qu'ils ne puiſſent prouver qu'ils y font établis
depuis une année au moins.

CHAP. IV. *Obſervations ſur les Articles du
Réglement précédent.* .   pag. 65

Par l'exécution du premier article, la claſſe
des laboureurs ſe repeuplera : devenue plus nom-
breuſe elle cultivera davantage & mieux : l'aiſance & l'abondance renaîtront.

Le ſecond article ôte aux payſans, l'attrait
ſéduiſant qui les attire dans les grandes villes,
& leur fait quitter l'état libre d'agriculteur, pour
la ſervitude dans la ſeule vue de s'exempter de
tirer à la milice.

Par le troiſieme l'exemption de la milice étant
devenue ſi difficile à obtenir dans les profeſſions
méchaniques, peu de laboureurs & de vignerons
quitteront leur état pour les embraſſer, & ceux
qui y font actuellement n'ayant que la voye de
l'honnêteté & de l'habileté pour mériter cette
exemption, ſentiront de quel intérêt il eſt pour
eux de ſe faire diſtinguer par leur bonne conduite, leur application & leur ſavoir.

Le quatrieme article qui aſſujettit au ſort de
la milice la bourgeoiſie non privilégiée, celle des
petites villes & des campagnes, qui y eſt prefque toujours oiſive ou occupée de rien, outre
qu'il fournit des ſujets à l'état militaire le pro-
tecteur & le défenſeur de tous les autres, oblige encore cette même claſſe à ne plus déſerter
les bourgs, les villages & les campagnes pour
venir s'établir dans les villes, mais à demeurer

plutôt dans leurs biens ou à côté de leurs biens pour les faire valoir par eux-mêmes & partager ainsi les travaux de leurs fermiers.

CHAP. V. *Projet d'une police qu'on devroit observer dans Paris & dans les principales villes du Royaume.* . pag. 70

Ce Projet consiste en un bon Réglement propre à purger les grandes villes du Royaume & la Capitale surtout de cette foule prodigieuse de gens de toute espece qui n'y ont aucune affaire, qui y font rencherir les vivres & affament les citoyens utiles, qui s'y livrent à toutes sortes de débauches & de crimes qu'entraînent la nécessité & l'oisiveté: ceci regarde en particulier les jeunes-gens & les filles que l'esprit de libertinage y attire. La police n'est pas assez sévere sur cet article ; elles ne devroit souffrir personne de cette espece, ni à Paris ni dans les autres grandes villes. Le moyen n'est pas fort difficile. Que chaque nouvel arrivant soit obligé de déclarer à la police son nom, son pays, ses qualités, & l'objet de son voyage, soit étude, procès, ou autre. Sur l'exposé il obtiendra la permission de rester, ou recevra un ordre de retourner d'où il vient. La permission de rester sera limitée selon le genre des affaires ; mais on pourra la faire renouveller. Quant à ce nombre de fainéans, libertins & libertines qui inondent les grandes villes, ils en feront chassés rigoureusement, &c.

CHAP. VI. *Que la police ne devroit permettre de petit peuple dans les grandes villes que le nombre qui y est absolument nécessaire, & renvoyer le reste dans les villes de province, les bourgs & les campagnes.* p. 76

Ce n'est pas assez d'avoir chassé de Paris & des autres villes capitales quantité de gens tout-à-fait desœuvrés, il faut tâcher d'en expulser encore tous ceux dont l'occupation est inutile ou nuisible.

De ce nombre font 1°. les petits marchands ambulans, dits portemales qui vont criant dans les rues, ou portant leurs marchandises dans les maisons, comme les revendeuses à la toilette.

2°. Tous les marchands d'habits, passemens dorés & vieux galons, crieuses de vieux bas, vieux chapeaux, &c.

3°. Une infinité de vendeuses de fruits, herbes & légumes qu'elles portent dans des éventaires à Paris & ailleurs.

4°. Les crieurs publics d'arrêts & sentences, vendeurs de billets de Lotterie & autres gens de cette forte, dont les bras feroient mieux employés à remuer la terre.

Que de peuple de cette espece à renvoyer dans les campagnes d'où il est venu pour la plupart! Quant au petit peuple réellement utile, comme porteurs d'eau, favoyards, portefaix, crocheteurs &c. il feroit à propos d'empêcher que le nombre ne s'en multipliât au delà du néceffaire. On pourroit en fixer la quantité en leur donnant à chacun une médaille (je crois cet ufage établi à Rennes en Bretagne au moins à l'égard des porteurs d'eau), & en établissant un

Bureau où ils feroient enrégiftrer leur nom &
payeroient un droit modique d'enregiftrement,
feulement ce qu'il faudroit pour l'entretien du
Bureau.

LIVRE TROISIEME.

De la Claffe des Marchands & Artifans.

CHAP. I. *Des Réglemens de police néceffai-*
res pour les Artifans & en général pour
toutes les profeffions méchaniques & celles
des Marchands. . **pag. 88**

Le plus grand mal & la fource de tous les
défordres, qui font comme en ufage dans les
différentes claffes des artifans & des marchands,
eft que la quantité des maîtres furpaffe de beaucoup le nombre fuffifant à la confommation ordinaire de leurs ouvrages & marchandifes. Voilà à quoi la Police doit fonger à remédier d'a-
bord. Les diverfes claffes de métiers & de marchands font érigées en corps de communauté;
mais le nombre des maitrifes n'eft point fixé:
les jurés en charge reçoivent trop facilement de
nouveaux maîtres, parce qu'il y a des émolu-
mens pour eux à percevoir, parce qu'ils font
des dépenfes inutiles que l'on fait fupporter à la
communauté dont on diffipe ainfi les revenus,
que l'on veut à toute force remplacer en admet-
tant de nouveaux membres qui achetent la mai-
trife, c'eft-à-dire qui achetent le droit de mourir de faim, eux & leur famille faute d'occupation. Plus le nombre des ouvriers eft grand,
plus les ouvrages de main d'œuvre font à jufte
prix: cela eft vrai jufqu'à un point. Mais ce

qui n'eſt pas moins vrai, c'eſt que, quand le nombre des ouvriers excede la conſommation, pluſieurs reſtent abſolument ſans pratique, ſans débit, & crevent de miſere, tandis que la terre manque de bras qui la remuent.

CHAP. II. *Projet pour ériger en changes tous les corps d'artiſans & de marchands, & pour en fixer le nombre à perpétuité, ſelon le beſoin de chaque ville & de chaque lieu.* p. 94

Ce projet n'offre de tous côtés que des avantages pour les Marchands & artiſans qui en acquérant ces charges ou offices auroient un état plus fixe pour eux & pour leur famille: tous auroient plus d'occupation qu'ils n'en ont à-préſent, & feroient mieux leurs affaires, parce que le nombre des charges feroit moindre que celui des maîtriſes, & n'excéderoit pas comme celui-ci le débit que chacun peut faire dans ſa profeſſion; pour l'Etat en général dont les différentes claſſes feroient mieux ordonnées & dans une plus juſte proportion, les gens de la campagne n'ayant plus tant de facilité ni conſéquemment d'inclination à quitter la charrue pour ſe faire artiſans: le public en feroit mieux ſervi, car les charges étant fixes & ſtables dans chaque endroit, les ouvriers ne pourroient déſerter telle ville ou tel village pour s'aller établir dans un autre, ſous quelque prétexte que ce fût.

CHAP. III. *Moyens de taxer par une seule & même méthode les charges des différentes professions soit méchaniques ou marchandes de la maniere la plus égale & la plus juste qu'il soit possible.* . . pag. 102

La méthode proposée est celle-ci: d'évaluer le prix des charges dans chaque profession ou vacation, à une partie du travail d'un bon ouvrier, par exemple, à la valeur du travail de six mois ou de 150 journées; supposé donc qu'un ouvrier, un menuisier par exemple, gagne 50 sols par jour, la charge de maître menuisier sera taxée à 375 livres. Cette taxe ne peut pas se fixer aussi commodément à l'égard des différentes sortes de marchands: elle peut toujours se régler sur le profit que peut faire chaque espece de marchand à raison de son capital, ou du fonds employé dans son négoce. Enfin cette double méthode doit être modifiée selon les lieux & les circonstances dont une des principales est que les professions de luxe & de pur agrément soient taxées au double des vacations absolument nécessaires, comme on l'explique.

CHAP. IV. *Quels seroient les avantages que le Roi retireroit en érigeant en charges les maîtrises dans toutes les branches du commerce, & des arts & métiers.* 109

Quoique la taxe de chaque charge fût modique en soi, on conçoit néanmoins que leur multiplicité seroit une finance considérable; car tous les lieux privilégiés seroient abolis dans tous le royaume, & le réglement qu'on propose s'étendroit à toutes les villes, bourgs & moindres villages, de sorte que trois mois après que les charges se trouveroient remplies, il seroit défendu à quiconque n'en seroit pas pourvu de travailler pour son compte. Cette finance seroit employée à acquitter les dettes de l'Etat, à indemniser aussi les seigneurs des lieux privilégiés qu'on aboliroit, afin que personne n'eut à se plaindre, &c. Il seroit difficile de déterminer avec précision à quoi pourroit monter la finance qui en résulteroit. On l'évalue ici à 72 millions.

CHAP. V. *Réglement proposé au sujet des charges dans les professions artisannes & marchandes.* • • pag. 117

Les peuples se portent avec trop de facilité passer d'une condition dans une supérieure: d'où résultent deux abus, la trop grande abondance de sujets dans la classe des artisans, & la trop grande disette dans celle des laboureurs. Pour parer à ces deux inconvéniens, on propose d'établir que quiconque ne sera pas fils de maître possedant une charge du corps où il voudra entrer, soit obligé de payer au Roi une finance égale à la taxe qu'il doit au vendeur pour acquérir la charge; c'est-à-dire qu'il payera en tout le double du prix taxé. Il seroit à souhaiter que ce réglement eût lieu à l'égard de toutes les charges du Royaume: il y auroit beaucoup moins de confusion & de mélange dans les différens ordres de l'Etat, & chaque classe des citoyens se recruteroit par elle-même.

CHAP. VI. *Comment il faudroit composer les communautés, tant de marchands que d'ouvriers, pour qu'elles eussent une quantité de maîtres en état de soutenir les dépenses communes.* . . pag. 122.

On a trop multiplié les communautés: elles sont en trop grand nombre, & chacune en particulier est trop petite & trop foible pour se soutenir. Réunissez en une toutes celles qui ont du rapport par le genre des ouvrages ou par le nom seul, comme actuellement celle des marchands-merciers à Paris. À l'égard même des villes de provinces où chaque corps de métiers & de marchands est réduit à un trop petit nombre de maîtres, la réunion de plusieurs en un devient absolument nécessaires pour qu'ils puissent soutenir les dépenses communes; qu'importe qu'il n'y ait point de rapport entre les occupations de chacun, ni la fabrique de leurs ouvrages respectifs, pourvu que le public & les particuliers y trouvent leur bien; ce qui est démontré.

CHAP. VII. *Des charges de maîtrise créées en faveur des femmes.* . . 126

Il y a une infinité d'ouvrages & de marchandises qui semblent être plus du ressort des femmes que des hommes, par exemple tous les ouvrages à l'aiguille & au boisseau & autres. On propose d'en faire des professions pour elles seules exclusivement, sur le pied des charges de maîtrises dont on a parlé pour les métiers des hommes.

CHAP. VIII. *Projet d'établissement d'une Maison commune pour chaque corps de métiers & de marchands.* . . pag. 129

On propose d'établir une Maison commune pour chaque communauté de marchands & d'artisans, dans laquelle les infirmes, les pauvres, malades, vieillards, orphelins & en général tous ceux de la dite communauté, qui auront besoin de secours, seront reçus & entretenus gratis. Tous ceux qui entreront en charge paieront à la dite maison la dixieme partie de la finance outre & au delà du prix de l'acquisition, comme droit de reception & d'enrégistrement, car cette maison sera dépositaire des titres & archives de la communauté. Tel est le premier fond qu'on lui assigne. Tous les contrevenans aux réglemens de la communauté payeront une amande au profit de la maison commune, &c.

CHAP. IX. *Des ouvriers & garçons - compagnons.* 133

Le desordre parmi les ouvriers & ce qu'on appelle communément journaliers ou garçons-compagnons de tous les métiers, est très grand, très dangereux pour la société, très dommageable à l'État. On ne sauroit trop s'étudier à le prévenir & à le réparer: c'est l'objet du chapitre suivant.

CHAP. X. *Projet de Réglement en faveur des apprentifs & des garçons - compagnons dans toutes les différentes classes du commerce & des arts méchaniques.* . 137

Ce projet est détaillé : il traite succeſſivement du temps de l'apprentiſſage, du prix de l'apprentiſſage tant pour les fils de Maîtres ou de garçons ouvriers,. que ceux des domeſtiques, payſans & autres qui n'exercent aucune profeſſion artiſanne, des brevets d'apprentiſſage & de leur forme, de la migration des garçons ouvriers d'une ſubdélégation dans une autre, ou changement de maître ſoit qu'il le quitte de plein gré ou qu'il en ſoit renvoyé, enfin des voyages des dits ouvriers. Ce Réglement bien obſervé mettroit beaucoup d'ordre dans cette claſſe des citoyens, où il n'y en a guerre. Comme tout eſt ici au profit de la maiſon commune, ſans lezer en rien les particuliers, elle ſeroit encore en tout tems un lieu d'azyle & de retraite où leur travail leur procureroit la vie & le logement, & de plus un honnête entretien, s'ils y étoient admis comme vieillards ou toutà-fait invalides. Ce ſeroit auſſi une reſſource pour les maîtres qui n'auroient pas réuſſi dans leur profeſſion, pour les ouvriers qui ſe trouveroient ſans travail, &c.

CHAP. XI. *Obſervations ſur les nouveaux Etabliſſemens & Réglemens qu'on vient de propoſer.* : . pag. 145

L'objet de ces nouveaux Etabliſſemens eſt premiérement de procurer aux malades néceſſiteux, orphelins, veuves, maîtres vieux & infirmes, ou malheureux dans leurs affaires, un lieu de retraite, un azyle commode & honorable où rien ne leur manque : voilà l'eſpece ſoulagée. la miſere bannie du ſein de l'Etat, & la mort éloignée. On s'eſt propoſé en ſecond lieu de

contenir les ouvriers & garçons compagnons de
tous métiers, dans leurs devoirs, de les préser-
ver du libertinage & de tout desordre; & rien
ne paroît plus propre à y produire ce bon effet que la police & les bons réglemens dont on
a fait le détail. Ainsi bannir la misere & le vice
de la classe des artisans, c'est le but qui a engagé à proposer l'établissement d'une maison
commune pour chaque profession.

CHAP. XII. *De la Régie intérieure & extérieure des maisons communes, & des personnes à qui elle sera confiée.*   pag. 151

Ces maisons feront gouvernées par quatre
femmes veuves de maîtres dans la même profession lesquelles auront soin de tout ce qui regarde les dépenses de la bouche, lits, linges &
le soin des malades. On leur adjoint quatre
maîtres veufs & sans enfans s'il est possible, un
teneur de livres & un Caissier. Ces dix personnes feront élues par une assemblée de la communauté, composée au moins de trente maîtres.
Ces régisseurs rendront leur compte chaque semaine aux jurés qui tiendront bureau ouvert
une fois la semaine dans une salle de la maison
commune pour les affaires de la communauté;
& un compte général chaque année à l'assemblée
générale des maîtres, au moins pour les deux
tiers, & un tiers de garçons compagnons.

CHAP. XIII. *De quelques Réglemens concernant les orphelins enfans de maîtres de
la communauté, qui feront dans le cas d'a-
voir besoin des secours de la maison commune.*   155

Tous ces orphelins, garçons & filles, feront élevés dans la maifon commune qui fera leur tutrice née. Les garçons y apprendront le métier de leur pere: leur apprentiffage achevé, ils donneront quatre années de leur temps à la maifon pour l'indemnifer de fes dépenfes; enfuite, ils pourront aller travailler chez les maîtres où bon leur femblera. Les enfans des garçons ouvriers jouïront du privilege des enfans de maître, avec cette feule différence que ceux-ci feront reçus à tout âge dans la maifon au lieu que les autres n'y pourront entrer avant fept ans accomplis. Les filles feront élevées dans la maifon jufqu'à l'âge de 15 ans, où on leur apprendra tout ce qui eft néceffaire pour les mettre en état d'entrer en fervice chez les maîtres ou autres particuliers.

CHAP. XIV. *Quels font les abus de la mauvaife éducation en général que l'on donne aux enfans de tous états, & principalement à ceux des ouvriers compagnons. Combien cela préjudicie au bien de l'Etat, du commerce & à la population.* pag. 157

Il n'eft peut-être pas de bon citoyen un peu éclairé qui n'ait réfléchi fur les abus qui réfultent de la mauvaife éducation que l'on donne furtout aux enfans des artifans. On s'éleve furtout contre l'efpece de fureur qu'ont les peres de les deftiner à un état plus relevé, & en conféquence de leur faire apprendre tout autre chofe que ce qui concerne la profeffion paternelle, de les envoyer aux colleges, où ils perdent leur premiere jeuneffe, où des enfans de différentes conditions confondus enfemble, prennent ordinairement des fentimens, des façons & des inclinations contraires à leur état.

Pour rémedier au desordre qui naît du mê-lange des enfans dans les écoles, & de l'uni-formité de l'éducation que l'on donne à des fu-jets de différentes claffes & deftinés à fervir le public de diverfes manieres dans des profeffions très diffemblables, on propofe que chaque com-munauté de marchands & d'artifans ait fes éco-les particulieres, où l'on ne recevra que les enfans des maîtres & des compagnons de la dite communauté: ce qui n'empêche pas qu'il n'y en ait d'autres pour les claffes fupérieures.

On ne prétend pas confondre le corps des marchands avec des communautés d'ouvriers en propofant des maifons d'affociation marchande comme on a projetté des maifons communes pour les artifans. Ces nouveaux établiffemens feront tout différens des premiers. Il y aura une maison d'association dans chaque ville capitale ou épiscopale du royaume. Les fonds feront une taxe annuelle que payeront les associés, c'est-à-dire les marchands, notaires & autres gens de pratique, chirurgiens, &c. laquelle taxe fera proportionnée à la finance de chaque charge. Les garçons de boutique, clercs de procureur, &c. payeront trois livres par an. Toutes les professions qui concernent la bouche, comme traiteurs, pâtissiers &c. feront de l'association ainsi que leurs garçons, & payeront la même taxe annuelle de trois livres, pour être reçu & soigné dans cette maison en cas de maladie &c. On y recevra aussi le petit peuple habitant de la même ville.

CHAP. XVIII. *Du petit peuple à qui l'on permettra d'habiter dans les grandes villes du royaume.* ． ． **pag. 175**

Par ce petit peuple on entend tout ce qui n'est pas compris dans les états dont on a fait mention, tels que les porteurs d'eau, crocheteurs, scieurs de bois, charretiers, fiacres, femmes de halles, vendeuses de poisson, regrats &c. Les partager par quartiers, leur donner une médaille qu'ils feroient obligés de prendre à un bureau général de police en s'y faisant enregistrer, ce feroit le moyen d'en prévenir le trop grand nombre, d'empêcher leur fainéantise & leur misere. Tout ce bas peuple ainsi classé auroit droit d'être reçu soigné & médicamenté dans la maison d'association marchande: ainsi les riches soulageroient les pauvres, & il n'en mourroit pas tant de faim & de misere.

LIVRE QUATRIEME.

Des peuples de la campagne.

CHAPITRE I. *De l'état des laboureurs & de tous les ouvriers dont la profession est de travailler à la terre.* . pag. 180

La classe du peuple cultivateur, pendant longtems négligée, a commencé depuis quelque tems à attirer l'attention du gouvernement. Mais cette attention paroît encore trop bornée, & semble plutôt se porter au défrichement & à la culture des terres, qu'au bien-être personnel du paysan laboureur. C'est ce bien-être surtout que l'on envisage ici.

CHAP. II. *Projet d'un nouvel établissement pour des maisons d'association dans toutes les campagnes, à l'usage des pauvres paysans qui y travaillent.* . . 186

On formera dans les campagnes des districts de trente paroisses voisines, & dans chaque district une maison d'association, qui sera au centre autant qu'il se pourra. Le premier revenu sera une taxe annuelle sur chaque charrue, & chaque famille de manouvriers travaillant à la terre & allant en journée, les domestiques, &c. Le gouvernement de cette maison consistera en quatre sindics, un caissier & receveur général, deux régisseurs & économes, trois gouvernantes; & en outre un chirurgien : il y aura une assemblée générale tous les mois.

Ce revenu eft porté à une taxe annuelle de
3590 liv. pour premier fond.

Un projet trop général peut avoir quelque
chofe de féduifant & être néanmoins chiméri-
que par les difficultés de l'exécution: le détail
en eft la pierre de touche.

Le total des premieres dépenfes pour la conftruction du corps de logis de cette maifon,
toute évaluation faite, fe trouve monter à
13783 liv.

CHAP.

CHAP. VII. *Estimation des logemens pour les bestiaux & les domestiques du labourage avec les murs de clôture.* pag. 204

La somme totale pour les dépenses & frais de construction pour cette partie, est portée à 14859 livres. On n'y comprend point la chapelle dont la construction pourra coûter environ 1000 livres. Ainsi le total, c'est-à-dire cette derniere somme & les deux précédentes, forme une dépense de près de 30000 livres.

CHAP. VIII. *Comment il faut économiser le revenu modique des premieres années pour fournir peu à peu aux frais de l'entreprise, & augmenter en même temps ce revenu.* 206

On entre ici dans un très grand détail d'économie, au moyen de laquelle la maison d'association se trouvera avoir environ 21800 livres de revenu au bout de sept années d'établissement, par le défrichement des terres qui lui seront annexées & qu'elle aura fait travailler & mettre en valeur, les bestiaux, & la taxe annuelle de 3500. Alors cette taxe cessera; & comme jusques-là on aura pu suffire aux premieres dépenses de construction, achat des bestiaux & ustenciles, payement des domestiques & autres frais, on sera encore plus en état d'y suffire dans la suite, comme aussi à l'entretien des malades & à tout le service intérieur de la maison, même pour acheter de nouvelles terres vacantes & les défricher, &c.

CHAP. IX. *Observations générales sur les*

revenus que ces maisons d'association pour-
ront avoir dans le seul district de trente
paroisses, suivant le nombre des pauvres, &
celui des terres qu'elles posséderont. pag. 217

On suppose, à une maison d'association) pour trente paroisses, 8 à 9 cens arpens de terre, dont on en pourra mettre 100 en prairies, 40 en luiserne, 10 en jardin, maison ou cours, & 20 en étangs ou réservoirs & le reste en terres labourables ou vignes. On lui donne autant de bétail que 150 arpens en prairies & luisernes en pourront nourrir. On y compte 200 malades habituellement & pendant toute l'année. Et l'on prouve que l'établissement mis sur le pied que l'on propose, ce qui pourra bien être au bout de quinze années, aura 100000 livres de profit net & clair, tous fraix faits pour la parfaite construction des bâtimens, & leur entretien, l'achat de tout le linge, drogues & ustenciles pour les malades & leur entretien, pour la nourriture, pensement, & entretien des malades, de tous les domestiques tant ceux de la maison que ceux qui travailleront à la terre, de celui des Directeurs & directrices, enfin pour toutes les dépenses nécessaires à un établissement de cette nature. Or ces 100000 livres de revenu seront reparties aux trente paroisses associées, au marc la livre de leur imposition.

CHAP. X. *Détails généraux sur l'entretien*
& la nourriture des pauvres qui seront re-
çus dans cette maison d'association. 227

La maison d'association recueillant sur son propre terrein toutes les denrées qui servent

d'aliment au peuple , & fabriquant tout ce qui
eſt néceſſaire à ſon entretien; la dépenſe totale
de chaque perſonne tant pour l'entretien que
pour la nourriture, ne montera guere à plus de
3 ſols 6 deniers par jour.

On propoſe une dot pour les enfans orphelins
& autres élevés dans cette maiſon; & de la maniere dont on regle cet objet, ſur 700 perſonnes qu'il y aura pour travailler à l'amélioration
des terres, ou pour ſervir les malades , il ne
s'en trouvera pas plus d'une centaine qui ſoient
dans le cas d'avoir cette dot, & pas plus de 7
perſonnes à doter par chaque année , ce qui
montera au plus à une ſomme annuelle de 1750
livres.

Police intérieure.   Réglement concernant la
nourriture.   Comparaiſon des gens travaillant
dans cette maiſon avec les negres des colonies.
Récompenſes établies pour entretenir l'émulation.   Combien une pareille maiſon d'aſſociation eſt préférable aux hôpitaux actuels.   Gouvernement & adminiſtration.   Moyens de prévenir les deſordres à cet égard.

Ce qui concerne les ſalles & les lits des malades tant hommes que femmes; la nourriture;
les médicamens; le médecin & le chirurgien.

Détail particulier qui regarde les perſonnes
aiſées qui voudroient ſe mettre en penſion dans
cette maiſon d'aſſociation.

R 2

tages qui réfulteroient de ces nouveaux Eta-
bliffemens. • • pag. 244

Ces avantages font bien réels. Le défrichement des terres vacantes ; l'occupation d'un
nombre infini de gens oififs qui périffent de mifere ; le foulagement des perfonnes taillables de
la campagne qui recevroient dans leur portion
du pront annuel, de quoi fatisfaire à la plus grande partie de leur impofition ; la population qui
croîtroit à mefure que l'abondance reviendroit ;
la mendicité bannie du royaume. Réponfe à un
objeétion fur les obftacles qui pourroient arrêter ou retarder l'exécution de ces Etabliffemens.
Digreffion fur le luxe deftruétif de l'agriculture.

CHAP. XIII. *Quel feroit à peu près le pro-*
duit de ces nouveaux Etabliffemens dans tout
le royaume. Réponfe à quelques objeétions
qu'on pourroit faire à ce fujet. 254

Différence des nouveaux établiffemens, avec
les anciens ou ceux qui fubfiftent à préfent.
Objeétion : On a lieu de craindre que le bien
immenfe qui réfulteroit des nouveaux projets ne
donnat occafion à de nouvelles taxes. Réponfe
tirée de la conftitution monarchique de l'Etat,
de la bonté & de l'équité du Roi, des maximes
du gouvernement actuel qui cherche à foulage-
ge les peuples, autant que les circonftances le
permettent. Avantages confidérables des maifons
d'affociation pour les gens de la campagne, dans
toutes les fuppofitions, même les plus défavo-
rables. Conclufion.

TOME SECOND.

LIVRE CINQUIEME.

Des Domestiques de l'un & l'autre sexe.

dix-sept articles concernant le nombre & la qualité des domestiques, les brevets de services, les attestations de leurs maîtres, & les taxes que ceux-ci devront payer pour eux.

CHAP. III. *Observations générales sur le Réglement précédent.* • pag. 23

Dans le dessein de remédier aux abus trop communs dans la classe des domestiques, on propose un bureau qui ait inspection sur leur conduite, c'est l'objet des trois premiers articles. Pour rendre la servitude moins gênante, on regle dans six articles suivant ce qui regarde la conduite des maîtres envers leurs domestiques, & réciproquement, dans les différentes circonstances de satisfaction ou de mécontentement de part & d'autre. Le dixieme établit un inspecteur des bureaux; le douzieme une marque de servitude pour les gens de cette classe: le treizieme exempte de cette marque les sécrétaires, intendans &c. Les deux suivans regardent la demeure des domestiques hors de condition, ou ce qu'ils doivent faire lorsqu'ils veulent changer d'état. Le dernier établissant des taxes assez fortes, prévient & réprime la facilité des gens de fortune à prendre un si grand nombre de domestiques à leur service.

CHAP. IV. *Détail essentiel des maisons d'association destinées pour y recevoir les domestiques, & autres personnes qui conviennent à ce nouvel établissement.* 29

Evaluation approchante du nombre de domestiques qu'il peut y avoir dans Paris & aux environs à quatre lieues d'arrondissement. On assigne les premiers fonds pour l'établissement des maisons d'association en faveur des Domestiques. Construction des bâtimens. Quantité de terres à annexer à chaque maison. Elles devront pouvoir contenir, chacune au moins vingt mille personnes de tout sexe & de tout âge.

CHAP. V. *Quelle sera à peu près la quantité de personnes qui pourront venir habiter ces maisons d'association pour les domestiques.* . . . pag. 35

Parmi le nombre des domestiques qui pourront desirer d'entrer dans|ces maisons, on compte d'abord 10000 malades, ou vieillards infirmes: puis 10000 domestiques sans condition, enfin 40000 enfans de domestiques. Ces maisons outre les domestiques, admettront encore les gens de la classe du bas peuple, &c. Cette classe pourra fournir environ 12000 sujets qui se trouveront dans le cas d'habiter les maisons d'association. Ces quatre nombres font ensemble celui de 72000. On propose quatre maisons d'association, & que chacune puisse contenir 20000 personnes. Cela est donc plus que suffisant.

CHAP. VI. *Du logement & des occupations de toutes les différentes personnes qui habiteront dans ces maisons d'association.* 41

Quartier pour les hommes & autre pour les femmes. A qui l'on confiera l'éducation des jeunes garçons & celle des jeunes filles. Distribution des travaux selon les différentes profesfions des Domeftiques admis dans ces maifons. Culture du parc donnée aux hommes forts: le foin des beftiaux & de la volaille aux femmes: les voitures & charrois pour le fervice de la maifon, aux cochers, palfreniers, &c: ce qui regarde la bouche aux domeftiques de cette profeffion : le linge aux femmes de chambres & autres. Les valets de chambre les plus entendus inftruiront les jeunes garçons de ce qui concernent leur état. Les femmes de chambre en feront autant à l'égard des jeunes filles.

On montre combien les particuliers peuvent économifer fur cet objet feul en faifant blanchir leur linge dans les maifons d'affociation où il fera mieux blanchi fans que le blanchiffage l'ufe tant. Cette économie eft évaluée à 45 millions pour tout le Royaume, & à 15 millions pour Paris feul.

Moyens d'engager les particuliers à conferver leurs chiffons de toile ou vieux linge, en lin ou en chanvre. Combien le commerce du papier perd par la négligence ordinaire à cet égard. On peut réveiller l'attention des fujets fur cette branche de notre commerce, & l'améliorer de plus de 15 millions par an par les nouveaux expédiens, & les papeteries que l'on propofe.

R 5

Combien ces terres feroient fertiles par la quantité des fumiers, la maniere de les labourer & arrofer, & les amélioremens de toute efpece. Chaque arpent de terre fera à peu près de revenu de 800 livres au moins chaque année. On le démontre. Le produit des terres & parcs fe trouve monter à trois millions quatre cens quarante mille livres par an,

Chaque maifon pourra contenir environ 20 mille domeftiques. On évalue la nourriture & entretien de chacun des vingt mille domeftiques à dix fols par jour, malades ou en fanté ; par conféquent cet article montera à 10000 livres par jour. Autres dépenfes. Avantages de ces établiffemens.

LIVRE SIXIEME.

De la Noblefte & de la Bourgeoifie vivant noblement.

Extrême indigence de quantité de familles tant nobles que bourgeoifes vivant noblement. Ce n'eft pas affés de leur accorder de vains titres & des honneurs faftueux, il faut encore y joindre des récompenfes pécuniaires, qui leur procurent une certaine aifance, fans laquelle toutes les marques de diftinction & d'honneur ne produifent point les effets qu'on a droit d'en attendre. Voici le projet que l'on propo-fe à cet effet. C'eft de donner 300 liv. de penfion à chaque enfant mâle des gentilshommes qui auroient fervi le Roi pendant 10 ans, & 200 liv. à chaque enfant mâle des Bourgeois qui au-roient fervi le Roi en qualité de Lieutenant pendant cinq années, & qui auroient époufé la fille d'un gentilhomme ou d'un bourgeois mili-taire. Cette penfion procureroit un bien infi-ni à ces familles & à l'Etat.

CHAP. II. *Digreffion fur l'âge compétant pour contraƈter des engagemens quels qu'ils foient.*   **pag. 99**

Tous nos légiflateurs ont connu le befoin qu'on a en toutes chofes de la maturité de fa raifon : ils ont fixé à vingt cinq ans l'âge de majorité, au deffous duquel aucun fujet ne peut difpofer de fes fonds, les vendre, ni aliéner, ni même fe marier fans le confentement de fes pa-rens. La profeffion ou une charge quelconque étant, dans le fyftême préfent, un bien de pa-trimoine, & qui en même temps intéreffe le fer-vice public, il faut néceffairement que quicon-que fe propofe de les exercer ait atteint un cer-tain âge, tant pour fon propre intérêt que pour le bien de la fociété à qui il fe doit. A plus forte raifon foutiendront nous que pour exercer l'ordre de prêtrife, ou prononcer des vœux dans quelque ordre religieux, il eft effentiel que l'on foit en état de faire les réflexions requifes en pareil cas.

Dépenses énormes de la construction des bâtimens de l'hôtel royal des Invalides. Défauts de cet établissement dispendieux & peu utiles. Nouveau plan sur lequel on auroit pu l'établir avec beaucoup plus d'avantages pour l'Etat, & beaucoup moins de dépenses. Ces sortes d'établissemens ne doivent point s'exécuter dans la Capitale ni aux environs, où ils sont toujours à charge, & font augmenter considérablement le prix des denrées, mais plutôt dans des provinces qui manquent de débouché pour la consommation de leurs produits.

'' Mauvaise éducation que les Demoiselles y reçoivent. Ce sont pour l'ordinaire des filles de gentils-hommes peu aisés ; & sans leur donner aucun moyen de gagner du bien, on leur apprend à le dépenser avant de l'avoir acquis. Une Demoiselle née sans bien, & sans beaucoup d'espérances du côté de la fortune, doit apprendre d'abord tout ce qu'il faut savoir pour conduire avec économie un ménage indigent. Ce n'est pas à St. Cyr qu'elles l'apprendront. Ce n'est guere que chez leurs parens. On feroit donc beaucoup mieux de donner par exemple une pension de 100 livres à chaque fille des gentils-hommes que l'on voudroit favoriser, & la laisser sous la conduite de sa mere, on de sa famille, jusqu'à ce qu'elle fût établie.

CHAP. V. *De l'Ecole militaire.* pag. 112

Le puits feul de l'Ecole militaire a coûté un million, à ce que l'on prétend. Que l'on juge par-là des fraix immenfes du refte. Cette école paroît plus propre à former des hommes galants, des gens de cour, des petits maîtres en un mot, que des guerriers. On a fort mal imaginé de placer un pareil établiffement à la porte d'une ville, où regnent le luxe & la molleffe. Ce que les jeunes gentils-hommes y apprennent. Et ce qu'ils devroient y apprendre. Les traits de ce parallele forment un contrafte frappant & vrai.

LIVRE SEPTIEME.

Des Enfans trouvés.

CHAP. I. *Idée générale d'un bon gouvernement par rapport aux peuples.* 122

Faire en forte que tous les fujets foient occupés utilement & que l'emploi d'un chacun foit conforme à la condition dans laquelle il eft né : encourager le travail de la terre : foulager les proffeffions néceffaires, & n'impofer que les faftueufes & les moins intéreffantes : applanir les difficultés dans les entreprifes utiles : punir exactement le vice, & fur-tout l'oifiveté le plus grand des vices dans l'ordre politique, c'eft à peu près l'idée fuccincte d'un bon gouvernement par rapport aux peuples.

CHAP. II. *De l'Etabliffement qui fubfifte actuellement en faveur des Enfans trouvés.* 127

Les vues de cet établiffement, grandes & vastes en elles-mêmes, font mal remplies dans l'e-
xécution. Façon défectueufe dont on éleve les
enfans trouvés depuis le moment de leur naiffance jufqu'à l'âge où ils peuvent être de quelque
utilité pour l'Etat. Véritable raifon pour quoi
il en meurt tant. Education vicieufe qu'on donne à ceux qui parviennent à un âge plus avancé. On leur fait apprendre un métier, & il n'y
a déjà que trop de pauvres artifans.

CHAP. III. *D'un Réglement beaucoup plus
propre à en tirer un bon parti à l'avantage
de l'Agriculture & du Commerce.* pag. 134

Le nouveau Réglement que l'on propofe eft
de donner ces enfans à des payfans de la campagne qui voudroient s'en charger dès la mammelle, pour les éléver chez eux, s'obligeant
de les nourrir & entretenir de tout ce dont ils
auroient befoin & de les occuper aux travaux
de la campagne comme leurs propres enfans,
moyennant que la maifon des Enfans trouvés
leur donnât pour chaque garçon 72 livres, & 80
pour chaque fille par an. On développe les diverfes parties de ce projet, & les moyens d'en
rendre l'exécution facile & avantageufe pour l'E-
tat en général, & en particulier pour ces enfans.

CHAP. IV. *Avantage de ce nouveau Projet
en faveur des Enfans trouvés.* . 142

1. Ces enfans recruteront abondamment la
claffe des payfans: les terres feront mieux cultivées & d'un plus grand rapport.

2. On donnera une dot de 300 livres aux

garçons, & de 200 livres aux filles, lorſqu'ils ſeront parvenus à l'âge de 25 ans. Cette petite dot facilitera merveilleuſement les mariages ſoit entre eux, ſoit avec d'autres enfans légitimes qui, pour la dot, paſſeront par-deſſus l'irrégularité de la naiſſance.

3. Les penſions que ces enfans apporteront rendront à leurs pere & mere nourriciers juſqu'à l'âge de douze ans, ſeront d'un certain ſecours pour ces payſans qui s'en ſeront chargés, & ils y auront du bénéfice même lorſque les enfans ne ſeront pas en état de leur, rendre aucun ſervice par leur travail.

4. Enfin depuis 12 ans ces enfans travailleront au profit de leur patron juſqu'à ce qu'ils s'établiſſent : nouveau moyen d'aiſance pour le payſan.

CHAP. V. *Des fonds qu'il faut avoir pour faire nourrir & élever ſuivant notre projet tous les enfans trouvés du Royaume, & comment on diſtribueroit les Bureaux pour les recevoir & pour favoriſer les accouchemens des femmes qui s'y rendroient.*

. . . . pag. 145

Le nombre des Enfans trouvés étant évalué à 12 mille pour tout le royaume, il faut environ 12944000 livres de revenu annuel pour l'entretien, la nourriture & les dots de tous. Correſpondance des bureaux particuliers établis dans les villes un peu conſidérables des Provinces, avec celui de Paris.

LIVRE HUITIEME.

Une diminution considérable dans les denrées, une augmentation des produits de la terre, un plus grand nombre d'aziles pour les sujets de toutes les classes, les laboureux de la campagne, les artisans des villes, les domestiques, & les pauvres de toutes les especes, le travail & l'occupation rendus faciles & lucratifs dans tous les ordres de l'Etat, font des moyens infaillibles de bannir pour jamais la misere & la mendicité. On a vu que l'établissement des Enfans trouvés, non-tel qu'il est, mais tel qu'on l'a projetté, demandoit un fonds d'environ 13 millions de livres par an. On propose de prendre cette somme sur les revenus actuels des hôpitaux, qui par l'exécution des différens projets exposés, deviendroient tout-à-fait inutiles.

Le nouveau système consiste à nourrir les Enfans

fans avec du lait de vache coupé.   On fe propofe deux objets en cela, d'élever un plus grand
nombre d'enfans, & de les nourrir avec moins
de monde, & par conféquent moins de dépenfe.
Quant à la nourriture, on fait voir que ce lait
étranger fera périr plus d'enfans qu'il n'en meurt
par la méthode ordinaire.   Pour l'économie,
on prouve très bien qu'il n'y en a point dans la
nouvelle méthode.

CHAP. III. *Nouveau moyen de faciliter la
population parmi le bas peuple dans toutes
les villes du Royaume, ainfi que dans les
Campagnes.*   .   .   pag. 162

Ce moyen eft fimple. C'eft d'employer le reftant des biens des hôpitaux actuels, en des penfions que l'on donneroit à tous les peres & meres de quelque qualité qu'ils fuffent, qui auroient
plus de deux enfans, & qui n'auroient pas au
moins 300 livres de bien en fond.   On fixe cette penfion à 40 livres pour chaque enfant, garçon ou fille, les deux premiers exceptés, parce
qu'on fuppofe que les peres & meres qui voudront s'occuper utilement, trouveront dans le
fruit de leur travail de quoi faire face à la nourriture & éducation de deux enfans.   Ceci regarde les enfans des habitans des campagnes.   Pour
ceux des Villes, les penfions feront de 60 livres
pour entretenir une jufte balance entre les uns
& les autres, les denrées étant plus cheres dans
les villes & les befoins plus multipliés en proportion.

CHAP. IV. *Obfervations très intéreffantes
fur la régie des biens des pauvres, avec un*
Tome II.   S

nouveau moyen pour leur assurer dans tous les tems des revenus suffisans pour la dot des enfans trouvés & leur entretien, ainsi que pour les pensions des enfans légitimes, en quelque nombre qu'ils puissent être. pag. 167

CHAP. V. *Nouveau moyen d'administrer les biens des pauvres & de fournir exactement au payement des pensions de tous les enfans qui se trouvent dans le cas de l'exiger en conséquence de l'établissement projetté.* 169

On estime le revenu actuel de tous les hôpitaux & généralement de toutes les fondations faites en faveur des pauvres dans tout le Royaume, à 50 millions de livres. Le capital est un milliard. Que l'on forme deux grandes communautés, l'une d'agriculteurs, l'autre de commerçans, dont les divers membres seront dispersés par toute la France. On donnera à l'une 500 millions à charge d'acquitter les pensions & les dots de tous les enfans trouvés ainsi que celles de tous ceux de la campagne, qui seront en droit de l'exiger suivant les réglemens précédens. Les 500 autres millions seront donnés à l'autre compagnie, ou état commerçant en gros, pour les faire valoir, à charge de payer la pension alimentaire de tous les enfans au delà de deux des artisans & autres petits marchands peu aisés qui y auront droit selon les mêmes réglemens. Par ce moyen les pauvres de toutes les classes trouveront une ressource universelle, & immanquable.

LIVRE NEUVIEME.

Des Libertins, Criminels d'Etat, & autres, &c.

On a des maisons de force: elles sont d'une très grande dépense pour l'Etat, quoique la misere y soit extrême. On pourroit aisément diminuer l'une & l'autre, en faisant travailler les criminels & libertins qui ont mérité d'y être enfermés. Le produit de leur travail en soulageant la charge de l'Etat, feroit aussi que ces malheureux à qui on n'ôteroit pas tout le salaire de leurs peines, feroient mieux nourris & mieux traités. Ils prendroient encore le goût du travail, & comme tous n'y sont pas renfermés à vie, quand le temps de leur délivrance feroit venu, & qu'ils rentreroient dans la société, ils en feroient plus disposés à vivre en paix & en honnêtes gens. Ainsi la peine de leurs crimes leur feroit utile, ce qui n'est pas ordinairement dans l'état actuel des choses.

Trois points essentiels à considérer dans l'emplacement de ces maisons, tant pour l'économie, que pour le bien de l'agriculture, & les facili-

tés de l'établiſſement. Développemens circonſtan-
ciés de la conſtruction générale & particuliere
des maiſons de forces. Terrein à enclorre : premier mur d'enceinte : château de force dans une
ſeconde enceinte : logement du gouverneur : caves du château, ou cachots : cinq cours différentes : logement des priſonniers : logement des officiers de l'Etat major : jardins : terres labourables pour l'occupation des forçats. Nouveaux
détails ſur la conſtruction des logemens des priſonniers, tant hommes que femmes. Eſtimation
de la dépenſe totale pour les bâtimens.

Ce travail, qui eſt celui de la terre, proportionné aux forces des priſonniers de l'un & l'autre ſexe, leur donne la facilité de ſe procurer
un certain bien-être, de perdre leurs mauvaiſes
inclinations, en s'accoutumant à travailler hon-
nêtement & utilement, & d'amaſſer quelque argent pour commencer quelque profeſſion, lorſqu'ils rentreront dans la ſociété civile, ſi leur
priſon n'eſt pas pour la vie.

Réglemens pour prévenir les querelles, & autres deſordres qui pourroient être commis par
les forçats. On regle auſſi quelques points qui
concernent le ſervice de la Maiſon.

Ces fonds se tirent du revenu actuel des hôpitaux & autres maisons de charité répandues dans tout le royaume. Après avoir prélevé ce qu'il faut pour élever tous les ans 12000 enfans trouvés, & 90000 enfans de pauvres familles indigentes, il reste 286 millions d'épargne dont on en a appliqué 77 millions & demi pour l'établissement des maisons de force. Le surplus, savoir 208 millions & demi, sera distribué entre les communautés artisannes & marchandes, pour leur aider à commencer les maisons d'association dont il a été parlé dans les livres précédens. Quant aux Maisons d'association pour le peuple de la campagne, on a vu comment elles seroient établies sur les terrains & au moyen des fonds des paroisses associées.

LIVRE DIXIEME.

Des femmes de mauvaise vie.

Combien le libertinage de l'un & l'autre sexe est contraire à la population. Licence effrenée de tous les états du royaume, depuis les grands jusqu'au petit peuple. Des maisons de débauche.

CONCLUSION *de cet Ouvrage.* . pag. 229

On a trouvé des moyens fûrs pour rendre l'E'at en général riche & puiſſant; pour faire fleurir l'agriculture & le commerce, & faire monter la population au plus haut degré; pour remettre l'abondance & le contentement dans toutes les claſſes & profeſſions, ſans craindre qu'elles tombent dans l'oiſiveté & la molleſſe; enfin pour épurer les mœurs, & le vrai bonheur eſt auprès de la vertu.

Fin de la Table.